Helga Gürtler

# Kinder brauchen feste Regeln

Kindern Freiräume und Grenzen klar vermitteln –
und sich selbst daran halten

Wie Kinder Vertrauen und Ehrlichkeit lernen können

# SÜDWEST

# Inhalt

*Oft haben die
Kleinen ihre
eigenen Vor-
stellungen über
die Ordnung im
Kinderzimmer.*

*Kindersorgen
sollten von Eltern
ernstgenommen
werden.*

*Der Puppe kann man ganz phantastische Geschichten erzählen.*

*Altersgerechtes Spielzeug ist besonders wichtig. Zuviel Elektronik schränkt die kindliche Kreativität ein.*

*Auf der Straße gelten strenge Regeln. Die müssen mit aller Konsequenz durchgesetzt werden.*

# Vorwort

Eine Erziehung in völliger Freiheit macht Kinder nicht unbedingt glücklich. Im Gegenteil. Kinder brauchen verbindliche Leitlinien. Ohne feste Regeln, auf die sich beide – Eltern und Kinder – verlassen können, werden Kinder oft haltlos, sie entwickeln Ängste oder werden sogar besonders provozierend und tyrannisch.

Kinder brauchen feste Regeln, an denen sie nach und nach lernen können, ihr Leben und ihr Handeln auszurichten. Aber was für welche? Mit den Regeln, die wir Erwachsenen ihnen setzen, kommen Kinder oft nicht zurecht – und wir dann nicht mit den widerspenstigen Kindern. Woran liegt das – an uns oder an den Regeln?

## Welche Regeln sind vernünftig?

Kinder haben meist ein ausgesprochenes Gespür für vernünftige und unvernünftige Ge- und Verbote. Vernünftige Verbote sind solche, die die Sicherheit des Kindes und die begrenzte Belastbarkeit der Eltern betreffen. Unvernünftige Verbote sind solche, die nur kraft einer Autorität gesetzt werden, oft auch nur kraft einer Gewohnheit. Denn warum soll ein Kind zum Beispiel morgens nicht einmal Saft statt der gewohnten Milch trinken, warum nicht dreimal hintereinander seine Lieblingsspeise essen wollen oder warum nicht einmal später essen, weil es gerade mitten in einem intensiven Spiel steckt? Sind unsere Vorstellungen davon, wie wir unsere Kinder gerne hätten, überhaupt mit dem vereinbar, wie sie sein können und was sie brauchen? Dieses Buch soll Ihnen dabei helfen, Ihr Regelwerk neu zu überdenken und zu wenigen, aber berechtigten Regeln zu finden. Es soll Verständnis wecken für die Perspektive unserer Kinder. Be-

**W**arum verbieten wir eigentlich so vieles, was weder uns noch dem Kind schadet? Vielleicht, weil es einfach bequemer ist, nein zu sagen, als sich mit neuen Verhaltensweisen auseinanderzusetzen?

vor wir unseren Kindern etwas abverlangen, sollten wir lernen, uns zu fragen: Kann mein Kind sich so verhalten, wie ich es von ihm erwarte? Bekommt es ihm gut, sich danach zu richten? Um welche Bedürfnisse geht es da, um seine oder um meine?

## Unser Vorbild zählt

Regeln werden unglaubwürdig, wenn die, die sie aufstellen, sich selbst nicht daran halten. Wie können wir von unseren Kindern Ehrlichkeit verlangen, wenn wir selbst lügen? Wie können wir von unseren Kindern verlangen, daß sie uns geduldig zuhören, wenn wir ihnen einfach das Wort abschneiden? Wie können wir den Fernsehkonsum unserer Kinder verurteilen, wenn wir uns selbst oft träge von der Flimmerkiste berieseln lassen? Vorbild zu sein ist nicht immer einfach. Doch wenn wir uns dieser Aufgabe stellen und unser eigenes Verhalten immer wieder kritisch unter die Lupe nehmen, merken wir sicher sehr schnell, welche Regeln ganz einfach unnötig sind und auf welche es wirklich ankommt.

Wenn Eltern Regeln für das Verhalten ihrer Kinder aufstellen, müssen sie diese Regeln auch selbst einhalten.

*Wenn sich auch die Eltern an die Gesetze halten, die sie ihren Kindern auferlegen, fallen ihre Worte leichter auf fruchtbaren Boden.*

5

*Kinder brauchen Eltern, auf die man sich verlassen kann. Was gestern galt, muß auch heute noch gelten.*

**K**inder vertragen Wahrheiten weitaus besser als fein umschriebene Unwahrheiten oder gar Lügen.

# Wichtige Grund– regeln für Eltern

## Keine Notlügen und Ausreden

Die dreijährige Anna hat schon einige schmerzhafte Erfahrungen mit Ärzten machen müssen. Deshalb schreit sie schon vorher laut, als wieder ein Arztbesuch ansteht. Die Mutter versucht, sie zu beruhigen. »Es wird bestimmt nicht weh tun, er will nur mal nachgucken.« Dabei weiß sie genau, daß das nicht stimmt. Aber das Kind soll sich doch nicht so aufregen. Für den entscheidenden Moment wird ihr schon was einfallen. Die Mutter glaubt im Interesse des Kindes zu handeln, will ihm Angst und Aufregung ersparen. Aber das ist kurzsichtig. Kaum etwas kann für ein Kind schlimmer sein als die Erkenntnis, daß ihm die Menschen, auf die es angewiesen ist, wieder einmal etwas vorgemacht haben, daß es sich auf sie nicht verlassen kann, daß es im Grunde immer auf der Hut sein muß.

## Auch Unangenehmes zur Sprache bringen

Es gibt viele ähnliche Situationen – ob wir dem Kind verschweigen, daß wir abends weggehen wollen, damit es ruhig einschläft, ob wir ihm die Vorzüge eines Krankenhausaufenthaltes in rosigen Farben ausmalen. So wird zwar eine kurzzeitige, lautstarke und heftige, zweifellos nervenzehrende Auseinandersetzung vermieden, allerdings entsteht im Kind ein permanentes, lauerndes Gefühl der Unsicherheit. Außerdem nehmen wir dem Kind die Möglichkeit, sich auch mit den unangenehmen Seiten des Lebens aktiv auseinanderzusetzen und die Erfahrung zu machen, daß es manchmal auch einsichtig, mutig und stark sein kann.

## Auf Eltern muß man sich verlassen können

● Versichern Sie dem Kind niemals etwas, wovon Sie nicht selbst auch wirklich überzeugt sind.
● Versprechen Sie Ihrem Kind nie, daß ihm nicht weh getan wird, wenn ein ärztlicher Eingriff vorgenommen werden muß. Sie können aber versichern, daß es ihm eine gewisse Zeit danach dann bessergehen wird.
● Belügen Sie das Kind auch nicht, wenn Sie bei einer Aufräumaktion etwas weggeworfen haben, was ihm wichtig war. Geben Sie Ihren Fehler zu, und drücken Sie sich um die Auseinandersetzung nicht herum.

Wenn Eltern ihren Kindern etwas versprechen, sollten sie es in jedem Fall auch halten.

*Wie heißt es so schön: »Wer einmal lügt, dem glaubt man nicht ...« Wie sollen unsere Kinder uns immer wieder aufs neue vertrauen, wenn sie merken, daß wir nicht immer bei der Wahrheit bleiben?*

Kinder haben ein ausgesprochenes Gefühl für Körpersignale. Unsere Stimmlage, unsere Mimik und Gestik verraten uns, wenn wir ihnen mit unseren Worten etwas vormachen wollen.

● Sagen Sie nicht leichtfertig: »Mal sehen, vielleicht morgen«, nur um das drängende Kind loszuwerden, wenn Sie schon absehen können, daß es morgen wahrscheinlich auch nichts wird. Und wenn Sie fest versprechen, nächsten Sonntag in den Zirkus zu gehen, müssen Sie sicher sein, daß Sie das auch einhalten können.

● Es ist auch eine Lüge, wenn Sie kurz vor Weihnachten das Leeressen des Tellers dadurch erreichen wollen, daß Sie behaupten, der Weihnachtsmann sähe zu und brächte sonst keine Geschenke.

● Erledigen Sie die Debatte um das Mickymaus-Heft, das das Kind haben möchte, nicht mit der falschen Behauptung, Sie hätten kein Geld dabei.

All dies sind freilich Forderungen, die keineswegs neu und im Grunde wohl auch allen Eltern klar sind. Sie erfordern nur immer mal wieder eine kritische Überprüfung, ob das, was wir im Grunde wollen, und das, was wir wirklich tun, auch noch identisch ist.

## Oft lügen wir auch ohne Worte

Wenn wir auf ein Kind reagieren, dann tun wir das nicht nur mit Worten und ganz bewußten Handlungen. Der Ton unserer Stimme, der Blick, die ganze begleitende Mimik und Gestik geben ihm zusätzliche Informationen, die wir selbst kaum bemerken. Stimmen diese Informationen mit dem, was wir bewußt vorgeben, nicht überein, werden Kinder durch unser Verhalten verunsichert.

● Altbekannt ist die Tatsache, daß ein Baby beim Trinken unruhig wird, wenn es merkt, daß die Mutter beim Stillen in Eile ist.

● Eltern, die in ständigem Zwist leben und von Scheidung reden, ihren Kindern aber weiterhin eine »heile Welt« vorzumachen versuchen, belasten sie damit oft viel mehr, als ließen sie sie, so gut das ihrem Alter entsprechend eben geht, an ihren Gefühlen teilhaben. Manchmal zieht ein Kind, das einen solchen Konflikt spürt, aber nicht offen informiert wird, daraus den irrigen Schluß, es müsse an der schlimmen Situation selbst schuld sein. Schwere seelische Störungen können die Folge sein!

● Auch wenn uns ein Kind auf die Nerven geht, erweisen wir ihm einen schlechten Dienst, wenn wir das, solange es geht, zu verstecken suchen. Denn oft explodieren wir dann, wenn es nicht mehr geht, und die Plötzlichkeit unserer Explosion muß das Kind erschrecken, haben wir es doch durch unsere aufgesetzte Freundlichkeit die ganze Zeit über im unklaren gelassen.

● Ironie ist wegen ihrer Mehrdeutigkeit für jüngere Kinder besonders schwer zu begreifen. Warum müssen wir denn sagen: »Das hast du aber wieder fein hingekriegt!«, wenn wir eigentlich herbe Kritik meinen?

*Wenn Eltern versuchen, ihren Ärger zu verbergen, und dann plötzlich aus heiterem Himmel explodieren, wissen Kinder oft nicht, wo ihnen der Kopf steht. Geben Sie ruhig mal zu, daß Sie Kummer oder einfach nur schlechte Laune haben, dann kann Ihr Kind Ihr Verhalten besser verstehen.*

9

# Kinder wollen ernstgenommen werden

### Eine schmerzliche Erfahrung

Erwachsene ahnen oft gar nicht, was sie anrichten, wenn sie sich auf Kosten der Kinder lustigmachen. Manche Kränkung ist so schwer, daß sie auch nach Jahren nicht verziehen wird.

Ich war vielleicht drei Jahre alt, als meine Mutter mich zum ersten Mal allein zum Einkaufen in den einzigen Laden unserer Gegend schickte. Ganz genau beschrieb sie mir, was ich tun sollte – »... und dann gehst du in den Laden und sagst: Guten Tag, ich möchte ein Brot.« Als ich den Laden betrat, war der – womit meine Mutter nicht gerechnet hatte – ziemlich voll. Davon unbeeindruckt, tat ich aber genau, was meine Mutter gesagt hatte. Die Klinke noch in der Hand, rief ich quer durch den Raum: »Guten Tag, ich möchte ein Brot.« Alle fingen an zu lachen, am lautesten lachte die junge Verkäuferin. Ich weiß nicht mehr, wie es weiterging und wie ich wieder aus dem Laden gekommen bin. Aber noch jahrelang habe ich, wenn ich dort einkaufen mußte und diese Verkäuferin im Laden vorfand, mit eisigem Gesicht an ihr vorbeigesehen und nach der Inhaberin gefragt. Erst wenn die von hinten geholt wurde, habe ich meinen Wunsch vorgetragen und eingekauft. Aus heutiger Perspektive kann ich die Komik dieser Situation durchaus nachvollziehen. Die Verkäuferin wollte mich sicherlich nicht bewußt bloßstellen. Und doch – die Kränkung saß so tief, daß ich sie nicht verziehen konnte.

### Ausgelacht zu werden tut weh!

Ich glaube, daß Erwachsene das, was Kinder kränkt, oft ganz falsch einschätzen. Ausgelacht oder verspottet zu werden, trifft die meisten Kinder viel mehr als etwa das Aushalten von Schmerzen oder der Verzicht auf ein heißgeliebtes Spielzeug. Erwachsene denken sich nichts dabei, Kinder »aufzuziehen«, finden dann deren heftige Reaktionen vielleicht auch noch drollig!

● Da fotografiert ein Vater lachend seine kleine Tochter, die sich zum Pipimachen extra hinter einen Busch gehockt hat.

● Ein anderer zieht seinem Sohn immer wieder die Hände vom Gesicht, hinter denen dieser Scham und Verwirrung verstecken möchte.

## Anders sein erfordert viel Selbstbewußtsein

Von Spielkameraden gehänselt zu werden ist allen Kindern eine besonders schlimme Erfahrung. Deshalb versuchen sie oft, ängstlich alles zu vermeiden, was sie aus der Gruppe der anderen irgendwie hervorheben und Anlaß zum Spott geben könnte. Sie wollen keinen Mantel tragen, wenn alle anderen einen Anorak haben, setzen die Pudelmütze nicht mehr auf, die ein Spielkamerad doof fand. Uns Erwachsene stört das oft, wir finden das ganze »läppisch« oder sehen darin einen nicht akzeptablen Hang zur Konformität. Dabei müssen wir aber berücksichtigen, daß Kinder, je kleiner sie sind, um so stärker in ihrem Selbstbewußtsein von äußeren Bedingungen abhängig sind. Ausgelacht, nicht ganz ernstgenommen zu werden, trifft sie deshalb viel härter als Erwachsene, weil es das erst im Entstehen begriffene Selbstwertgefühl immer wieder ins Wanken bringt.

Kinder schreiben sich selbst den Wert zu, der ihnen von anderen zugestanden wird. Deshalb brauchen sie die Achtung und Anerkennung der anderen, der Erwachsenen wie der Kinder, um ihrer selbst sicher zu werden.

## Mit-leiden statt Bagatellisieren

Wir Eltern geben uns oft große Mühe, unseren Kindern beim Ertragen von Situationen beizustehen, die das Kind erfahrungsgemäß belasten, wie beim Zahnarztbesuch oder bei einem Umzug. Doch nicht immer sind die Probleme unserer Kinder so offensichtlich. Deshalb sollten wir auch große Aufmerksamkeit darauf verwenden, ihnen vermeidbare Kränkungen zu ersparen und bei der Bewältigung der unvermeidbaren zu helfen.

## Was tun, wenn das Kind Kummer hat

Wenn Sie merken sollten, daß Ihr Kind etwas bedrückt, fragen Sie rücksichtsvoll nach, und hören Sie ihm aufmerksam zu.

Versuchen Sie nicht, dem Kind Ihre Sicht der Dinge aufzudrängen. Ein verharmlosendes »Das ist doch nicht so schlimm!« ist keine Hilfe, wenn das Kind es als schlimm empfindet; wie schwer es sich getroffen fühlt, ist von seiner Sicht abhängig, nicht von unserer.

Nur wenn sich das Kind in seinem Kummer ernstgenommen fühlt, erfährt es die Wertschätzung, die es braucht, um sich auch in schwierigen Situationen ein gesundes Selbstwertgefühl zu erhalten.

**K**inder wollen sowohl in ihrer Freude als auch mit ihren Sorgen ernstgenommen werden.

*Was würde ein Erwachsener sagen, der sich vor Kummer kaum zu helfen weiß, wenn ein Kind ihn mit einem »Ist doch halb so schlimm« zu beruhigen versuchte.*

# Gewalt ist in der Erziehung fehl am Platz!

Die meisten Eltern werden den Verdacht, sie wendeten bei der Erziehung ihrer Kinder Gewalt an, empört von sich weisen. Schließlich schlagen sie die Kinder nicht, sperren sie auch nicht ein. Sie vernachlässigen oder mißbrauchen sie auch nicht. Trotzdem werden sie so manches Mal ihre Überlegenheit ausnutzen, um zum Beispiel einen Konflikt so zu lösen, wie sie es wollen. Und eben das verstehe ich unter Gewalt:

● Wenn eine Mutter den lautstarken Protest ihres Ein-jährigen, der lieber auf dem Spielplatz bleiben möchte, beendet, indem sie das Kind einfach aufhebt, in seinen Wagen setzt, angurtet, und ab geht die Post! Zugegeben, kaum eine(r) wird völlig ohne Gewaltanwendung dieser Art auskommen, aber wie hilflos, wütend, ausgeliefert würden Sie sich vorkommen, wenn das einer mit Ihnen machen würde!

● Wenn Eltern ein Kind zwingen, etwas zu tun oder zu lassen, ob es den Sinn nun einsieht oder nicht, z.B. sich zu entschuldigen

● Wenn Kinder erpreßt werden mit Angeboten wie: »Tu, was ich dir sage, dann können wir über die neuen Schlittschuhe noch mal reden.«

● Wenn Eltern in Gesprächen mit ihren Kindern die ei-genen Gedanken und Werturteile so sehr in den Vorder-grund rücken, daß für die Gedanken der Kinder, für das Entstehen eigener Werthaltungen, die denen der Eltern zuwiderlaufen mögen, gar kein Raum bleibt

● Wenn Eltern die Gefühle und Motive ihrer Kinder in-terpretieren, ohne sie selbst zu Wort kommen zu lassen. »Ich weiß genau, was du denkst« gehört dahin oder auch: »Das sagst du ja nur, um mich zu ärgern«. Selb-ständigkeit und Selbstsicherheit können sich unter sol-chen Bedingungen schlecht entwickeln.

Gewalt ist durchaus nicht nur mit Schlägen gleichzusetzen. Wenn Eltern ihre Macht und Überlegenheit ausnutzen, um ihre Kinder zum Gehorsam zu bringen, ist das auch eine Form von Gewalt.

## Auch Drohungen sind Gewalt

Gewalt kann aber auch noch anders sein, kann sogar mit sanften, liebevollen Tönen daherkommen. Die gemeinste Form sanfter Gewaltanwendung, die ich kenne, ist die Drohung: »Wenn du das tust, dann hab ich dich nicht mehr lieb!« Je kleiner ein Kind ist, desto unabdingbarer ist es auf die Liebe und Fürsorge seiner Eltern angewiesen. Die Vorstellung, sie könnten es verlassen, löst existentielle Ängste aus. Dies auszunutzen, selbst wenn wir es noch so gut meinen, ist unvertretbar.

Für ältere Kinder hat diese Form Varianten. Die versteckte oder offene Drohung etwa, das Kind sei schuld, wenn es uns gesundheitlich schlechtgehe – das reicht vom vielsagenden Griff in die Herzgegend bis »Du wirst schon sehen, wie das ist, wenn du ohne mich zurechtkommen mußt!« Ich weiß, wie hilflos Eltern sich manchmal kindlichen Gemeinheiten gegenüber fühlen und wie groß die Versuchung ist, sie mit einem solchen Spruch zum Einlenken zu bringen – aber gesetzt den Fall, Ihnen stieße wirklich einmal etwas zu – wollen Sie ihr Kind mit einer solchen Gewissensbelastung herumlaufen lassen? Kinder neigen oft ohnehin dazu, sich schuldig zu fühlen, auch da, wo sie es gar nicht sind.

**B**esonders grausam ist es, Kindern den Entzug elterlicher Liebe und Fürsorge anzudrohen, wenn sie einmal nicht so handeln, wie die Eltern es verlangen.

## Liebe darf man nicht verbieten

Leise, aber in ihren Folgen nicht minder schwerwiegende Gewalt ist es auch, wenn ein Elternteil in einer zerstörten Partnerschaft es dem Kind zum Vorwurf macht, daß es auch den anderen noch lieb hat. Wieso soll das Kind den Vater oder die Mutter plötzlich nicht mehr liebhaben, nur weil die beiden miteinander nicht zurechtkommen? Auch hier entstehen Schuldgefühle, das Kind muß seine eigenen Gefühle verraten, um die lebenswichtige Zuwendung des verbleibenden Elternteils nicht zu verlieren.

# Gewalt erzeugt Unmündigkeit

In allen diesen Beispielen nutzen Erwachsene ihre überlegene Position aus, um Druck auf die Handlungen, auf die Gedanken oder Gefühle ihrer Kinder auszuüben, die von ihnen abhängig sind, und üben damit – direkt oder indirekt – Gewalt auf ihre Kinder aus. Ich behaupte nicht, daß das immer vermeidbar ist, ich unterstelle auch, daß wir dabei meist gute Absichten haben. Ich habe aber auch anzudeuten versucht, welche Auswirkungen das auf die betroffenen Kinder haben kann. Manche werden, wenn sie Druck spüren, wütend und lehnen sich auf. Das ist die gesündeste Reaktion. Andere gehen viel-

**Wer ständig Druck auf seine Kinder ausübt, darf sich nicht wundern, wenn das gegenseitige Vertrauen verlorengeht.**

*Ist das schlechte Zeugnis nicht schon Strafe genug? Muß man zu Hause auch noch Rechenschaft ablegen, anstatt daß man getröstet wird?*

15

leicht voller Skrupel und Ängste an andere Menschen heran, wagen nicht, ihnen offen und selbstbewußt zu begegnen. Sie haben es nicht gelernt, selbständig zu denken und zu urteilen, sich auch auf die eigenen Gedanken und Urteile zu verlassen. Lieber verlassen sie sich darauf, was andere ihnen vorgedacht haben, glauben, daß man besser fährt, wenn man den Mund hält und tut, was andere sagen. Und insgeheim hoffen sie dann, daß sie auf diese Weise am schnellsten eine Position erreichen, in der sie selbst dann die Mächtigen sind. Das ist auf kurze und enge Sicht wahrscheinlich sogar realistisch. Aber hier muß ich Sie auffordern, weiter und umfassender zu denken.

## Wir brauchen mutige Kinder!

Untersuchungen der letzten Zeit haben ergeben, daß sehr viele Kinder heute Angst vor der Zukunft haben – die Angst, keine Arbeit zu finden, Angst davor, daß alle Bäume sterben und das Wasser ungenießbar wird, Angst vor den gewaltigen Waffen, die sie töten und ihre Heimat unbewohnbar machen können. Sie fühlen sich von dieser gesellschaftlichen Gewalt bedroht.

Wenn unsere Kinder es nicht gelernt haben, sich gegen Bedrohungen aufzulehnen, dann werden sie auch nicht den Mut und den Optimismus haben, die Aufgaben, die auf sie zukommen, zu lösen. Für die großen gesellschaftlichen Probleme unserer Zeit brauchen wir unsere Kinder. Dazu aber müssen sie

- Selbstbewußt genug sein, um sich nicht verängstigen zu lassen
- Stabil genug sein, um Widerstand zu leisten
- Schöpferisch genug sein, um gegen den Strich zu denken
- Mutig genug sein, um Veränderungen zu wagen. Mit Gewalt können wir sie dazu nicht erziehen!

**Wenn Sie Ihrem Kind zuhören und seine Meinung respektieren, obwohl Sie vielleicht anderer Auffassung sind, wird es lernen, daß es nicht Gewalt braucht, um sich vor anderen durchzusetzen.**

# Fehler zugeben und Kritik annehmen

Für sehr kleine Kinder sind Eltern allmächtig und unfehlbar. Eltern können die Welt so einrichten, wie Kinder sie eben brauchen. In ihrer Nähe kann ihnen nichts Böses widerfahren. Es ist schön, wenn Kinder mit dieser absoluten Sicherheit aufwachsen können. Es ist auch ein schönes Gefühl für die Eltern, so unbedingtes Zutrauen zu erfahren. Recht bald allerdings wird ihr Kind erkennen, daß auch Eltern Menschen sind, die nicht alles können, die Fehler machen. Und es hat auch Vorteile für die Eltern, nicht unfehlbar, nicht allmächtig sein zu müssen.

● Es ist überhaupt nicht ehrenrührig, auf viele der bohrenden »Warum-Fragen« zu antworten: »Das weiß ich nicht.« Sie können Ihrem Kind anbieten, Dinge, die es wissen möchte, gemeinsam zu erforschen oder in einem Buch nachzuschlagen.

● Es entlastet auch, sich zu einer Eselei, die man begangen hat, einfach zu bekennen. Sagen Sie ruhig: »Da habe ich mich aber auch blöd angestellt«, wenn Ihnen gerade ein Tablett mit Geschirr vom Tisch gekippt ist. Ich schätze, Ihr Kind wird Sie dann trösten, denn wie man sich fühlt, wenn man was Dummes gemacht und einen Schaden verursacht hat, das weiß es recht genau. Und es fällt ihm dann beim nächsten Mal leichter, auch zu seinem Fehler zu stehen, anstatt nach fünfundzwanzig Ausreden zu suchen.

**Auch Eltern stellen sich manchmal dumm an, na und? Tragen Sie Ihre Fehler mit Humor, dann fällt es auch Ihren Kindern leichter, ein Mißgeschick zuzugeben.**

## Sie müssen nicht alles wissen

Haben Sie Angst, bei Ihren Kindern an Respekt und Ansehen zu verlieren, wenn sie etwas besser können oder wissen als Sie? Was möchten Sie lieber sein – ein Mensch mit Fehlern und damit ein Mensch zum Liebhaben oder

**W**arum sollen Kinder nicht auch einmal Ihre Eltern kritisieren dürfen? Vielleicht sind die Anregungen und Verbesserungsvorschläge Ihrer Kinder gar nicht so unberechtigt?

ein Idol in ständiger Gefahr, vom Sockel gekippt zu werden? Je mehr Sie im Umgang mit Ihren Kindern den Anschein der grundsätzlichen Überlegenheit aufrechtzuerhalten versuchen, mit desto mehr Häme werden die Heranwachsenden Ihre unvermeidlichen Schwächen und Fehler bemerken.

Die Zeit kindlicher Überlegenheit kommt sowieso – beispielsweise weil Kinder durch die Schule oder durch praktischen Gebrauch an technischen Neuerungen viel dichter dran sind als wir. Lassen Sie sich von Ihren Kindern ruhig belehren! Warum sollen Sie sich nicht von Ihrer Tochter erklären lassen, wie Sie mit dem Computer umgehen müssen – es fördert ihr Selbstwertgefühl.

## Zum kreativen Umgang mit Kritik

● Beobachten Sie an sich, welche Form von Kritik Sie mehr kränkt, welche weniger?

● Leiten Sie daraus Regeln für den Umgang mit Kindern ab.

● Kritisieren Sie Ihre Kinder in der Form, in der auch Sie bereit wären, Kritik anzunehmen.

● Es muß auch von unten nach oben kritisiert werden dürfen. Sollen Ihre Kinder wirklich glauben, »die da oben« würden alles schon richten, ohne daß »wir da unten« ihnen sagen, wo es langzugehen hat?

● Kinder müssen nicht den Mund halten, obwohl sie etwas besser wissen als ihr Gegenüber?

Kinder, die von klein auf Kritik äußern durften und damit ernstgenommen wurden, haben auch als Erwachsene bessere Karten, wenn es darum geht, sich im täglichen Miteinander oder in der Berufswelt durchzusetzen.

## Kritik nur von oben nach unten?

So weit ist es vielleicht noch relativ einfach. Was aber, wenn es Ihr Kind ist, das Ihnen erklärt: »Wie kann man sich auch so blöd anstellen!« Das ist schwer zu ertragen, nicht? Genau so fühlt sich Ihr Kind jedes Mal, wenn Sie ihm klarmachen, wie dumm, wie ungeschickt, wie unpassend es sich gerade benommen hat. Dabei haben wir Erwachsenen im allgemeinen noch ein recht stabiles Selbstbewußtsein, das durch gelegentliche Kritik nicht gleich ins Wanken gerät. Ein Kind trifft so etwas viel härter. Schon deshalb müßten wir uns dieses Gefühl immer mal wieder selbst zumuten.

# Kindliche Launen akzeptieren

## Schlechte Laune – was tun?

Die fünfjährige Saskia ist sauer. Irgend etwas ist ihr gegen den Strich gegangen. Ungeduldig zerrt sie an einem langen Schal, der sich in der Spielzeugkiste verheddert hat. Ein Aufheulen, ein Tritt gegen die Kiste, dann hockt sie auf dem Boden und hat zu überhaupt nichts mehr Lust.

### Möglichkeit eins: Gute Ratschläge

Die Mutter greift ein. »Was kann denn die Kiste dafür, daß du den Schal nicht herauskriegst? Du hättest ihn ordentlich zusammenlegen sollen. Komm, jetzt müssen wir das Knäuel mit Geduld auseinanderziehen!« Aber Saskia will nicht ziehen, sie hat auch keine Geduld. Sie will dasitzen und grollen. Und weil die Mutter nicht aufhört, auf sie einzureden, tritt sie schließlich heulend mit dem Fuß nach ihr und zischt etwas recht Ungebührliches durch die Zähne. Aber da wird die Mutter böse. Das geht zu weit, schlechte Laune an jemandem auszulassen, der nichts da-

Auch Kinder sind manchmal einfach schlecht gelaunt. Warum sollen sie sich nicht in ihren Schmollwinkel zurückziehen dürfen? Sie kommen von ganz allein wieder hervor.

19

mit zu tun hat, der noch dazu helfen wollte! Sicherlich hat sie recht. Aber hätte sie diese Entwicklung nicht vermeiden können, wenn sie sich anders verhalten hätte?

Versuchen Sie bitte, sich in die umgekehrte Situation hineinzuversetzen: Ihnen ist etwas quergegangen. Sie sind gereizt und mißgelaunt. Da kommt jemand, der Ihnen deshalb auch noch Vorwürfe macht. Würden Sie nicht ärgerlich werden auf den, der sich da einmischt, anstatt Sie in Ruhe zu lassen?

## Möglichkeit zwei: Ablenken

Der Mutter tut die arme Saskia leid. Da sitzt sie an einem schönen Sonnentag und verdunkelt ihren Seelenhimmel mit finsteren Wolken. Die Mutter versucht, sie aufzuheitern und abzulenken, macht Vorschläge und Angebote. Als sie schließlich das neue Bilderbuch vorliest, hat sie es geschafft – Saskia lacht wieder! Erfreulich für Saskia.

Solche Ablenkungsmanöver bergen die Gefahr, daß Saskia sich daran gewöhnt, daß für ihre Seelenlage nicht sie selbst, sondern die Mutter zuständig ist. Die Mutter ist schuld, wenn sie mißgelaunt ist, die Mutter soll sie gefälligst wieder heiter stimmen! Sicher nicht gut für Saskia und anstrengend für die Mutter.

## Möglichkeit drei: Nach Gründen suchen

Die Mutter nimmt Saskias schlechte Laune zur Kenntnis. Sie sagt sich, das Kind hat sicher ein Problem, und seine schlechte Laune ist bestimmt ein Signal, sie darauf aufmerksam zu machen. Deshalb versucht sie, vorsichtig und mitfühlend auf die Tochter einzugehen: »Saskia, was ist los? Was hat dich so geärgert? War was im Kindergarten? Haben Debbi und Lukas dich nicht mitspielen lassen?« Das ist sicher ein pädagogisch löblicher Ansatz. In vielen Fällen wird er auch an den Kern des Problems führen und dem Kind helfen, es zu lösen, weil es darüber sprechen kann.

Gefühlsausbrüche, wie Weinen oder Wut, sollten nicht grundsätzlich durch Ablenkung unterbunden werden, sonst könnte Ihr Kind vielleicht glauben, daß starke Gefühle etwas Schlechtes sind.

Was aber nun, wenn Saskia einfach so schlechte Laune hat – ohne klar definierbares Problem? Kommt das nicht bei jedem gelegentlich vor? Oder wenn sie über das, was sie geärgert hat, einfach nicht reden will? Dann wird sie das liebevolle Bohren der Mutter wahrscheinlich auch nur noch gereizter machen.

### Möglichkeit vier: In Ruhe lassen

Die Mutter stellt fest, daß Saskia eine Laus über die Leber gelaufen ist. Sie fragt zwar mitfühlend nach der Ursache, akzeptiert aber das hingeknurrte: »Laß mich in Ruhe!« Saskia will – und kann! – mit ihrer schlechten Laune allein fertig werden.

> Nicht zu allem brauchen Kinder mütterliche Hilfe. Im übrigen soll auch keine Mutter glauben, in jedem Falle von kindlicher schlechter Laune zu einer »pädagogisch wertvollen« Haltung verpflichtet zu sein. Das hält man nicht durch! Auch Mütter sind nicht immer in der Lage, auf jede seelische Unebenheit ihres Kindes überlegt und gelassen einzugehen.

## Haben Sie immer gute Laune?

Seien Sie mal ehrlich, auch Sie haben nicht immer gleich gute Laune. Wenn Eltern an ihren Kindern akzeptieren, daß gelegentliche schlechte Laune zum Menschsein gehört, können sie auch selbst von den Kindern Nachsicht für eigene Mißgestimmtheit erbitten. Sagen Sie doch in einem solchen Fall einfach zu Ihrem Kind: »Geh mir ein bißchen aus dem Wege, ich bin gereizt.« Wenn sie sich das erlauben, anstatt sich ständig pädagogisch zu überfordern, vermeiden sie, daß sie ihre eigene schlechte Laune an den Kindern auslassen. Denn das stellten wir schon am Beispiel bei Saskia fest – ein solches Verhalten geht entschieden zu weit.

Eltern, die aus eigener Unsicherheit heraus, ein »glückliches Kind« brauchen, damit sie sich als die besten Eltern fühlen können, ertragen nur schwer, wenn ihr Kind völlig normale Trauer oder Unglücklichsein zeigt.

# Eigene Bedürfnisse nicht vernachlässigen

Manche Kinder steigen ständig nörgelnd hinter Vater oder Mutter her: »Spiel was mit mir.« »Ich weiß nicht, was ich machen soll.« Weil die Eltern ihr Kind nicht verdrießen wollen, geben sie diesen Wünschen immer wieder nach. Aber daraus entsteht leicht ein Teufelskreis. Denn wenn sie bei jedem Anflug von Phantasielosigkeit oder Langeweile sogleich zur Stelle sind, verliert das Kind die Fähigkeit, selbständig etwas zu unternehmen, immer mehr.

Es bekommt auch keinem Kind, wenn es aus der ständigen Verfügbarkeit von Vater oder Mutter den Schluß zieht, es sei das einzig Wichtige auf der Welt. Mit dieser Grundeinstellung wird es ihm schwerfallen, in anderen Gemeinschaften, zum Beispiel im Kindergarten und später in der Schule, zurechtzukommen.

**Wenn Vater oder Mutter sich ununterbrochen etwas Aufregendes für das Kind einfallen lassen, untergraben sie auf Dauer die Spielaktivität des Kindes, da ihm die eigenen Ideen daneben fad erscheinen.**

## Müssen Eltern immer Zeit für ihre Kinder haben?

Untersuchungen an Kindern mit Entwicklungsproblemen haben ergeben, daß dafür ebenso häufig ein Zuviel an elterlicher Fürsorge wie ein Zuwenig die Ursache war.

● Kinder brauchen genügend Raum, um selbst einmal etwas auszuprobieren.

● Kinder brauchen auch mal die schöpferische Langeweile, um auf neue Ideen zu kommen.

● Kinder brauchen Gelegenheiten, unbeobachtet Dummheiten zu machen.

*Jeder braucht auch mal die Freiheit, das zu machen, wonach ihm der Sinn steht. Eltern wollen manchmal ganz einfach in Ruhe Zeitung lesen oder Musik hören, Kinder manchmal unbeaufsichtigt etwas Neues ausprobieren.*

## Freiräume müssen sein

Aber nicht nur um der Kinder, sondern auch um ihrer selbst willen sollten Eltern Zeit für sich in Anspruch nehmen. Eltern sind nicht nur für ihre Kinder da!

● Eltern brauchen auch Zeit für eigene Aktivitäten, und zwar nicht nur gelegentlich, sondern regelmäßig! Väter nehmen sich diese Zeit oft selbstverständlich – für Fußballtraining oder Skatabend. Ebenso selbstverständlich sollten sie die Kinder ins Bett bringen, wenn die Mutter den wöchentlichen Besuch bei der Freundin oder den Volkshochschulkurs anmahnt. Und wer sagt, daß nicht auch Frauen einmal gern Skat spielen? Allerdings muß es auch möglich sein, mal etwas gemeinsam zu unternehmen, denn Vater und Mutter sind nicht nur Eltern,

**A**uch Mütter sollten das Recht haben, ihren eigenen Freizeitinteressen nachzugehen, ohne von schlechtem Gewissen geplagt zu werden.

23

**I**mmer nur für die Kinder dazusein, macht auf Dauer unzufrieden. Überlegen Sie sich, wer Ihnen gelegentlich zu einem freien Abend verhelfen könnte.

**A**uch die Kinder brauchen Zeit und Muße, um sich ungestört mit Altersgefährten austauschen zu können.

sondern auch ein Paar, das gemeinsame Erlebnisse, gemeinsame Entspannung ohne Kinder braucht, um Kraft zu tanken für den täglichen Erziehungsalltag. Muten Sie Großeltern, Freunden, Nachbarn die Nachfrage zu, ob sie Sie nicht mal vertreten, freistellen können für eine Unternehmung, die Ihnen Spaß macht – Sie brauchen das! Es ist kein Gütemerkmal, wenn Sie sich für Ihre Kinder aufopfern. Entsagungsvolle, überreizte, unglückliche Eltern sind schlechte Weggefährten. Ohne es selbst zu merken, lassen Sie unter Umständen ihre Kinder entgelten, daß Sie sie um die Erfüllung so manchen Traumes gebracht haben.

● Eltern müssen ihrem Kind nicht ihre gesamte Zeit zur Verfügung stellen.

Nicht nur, wenn Sie ohne ihre Kinder fortgehen, auch wenn Sie zu Hause sind, sollten Sie Zeiten beanspruchen, in denen Sie nicht gestört sein wollen, weil Sie lesen, Musik hören, mit jemandem reden wollen. Je konsequenter Sie dieses Recht einfordern, desto eher wird Ihr Kind das akzeptieren. Allerdings sollten Sie dann umgekehrt auch einen Freund, der genau in der vereinbarten Spielstunde für ein Schwätzchen anruft, auf später vertrösten. Ebenso sollten Sie den Wunsch Ihrer Kinder, mit Freunden ungestört zu sein, respektieren, selbst wenn Sie das Gefühl haben, daß nicht alles, was sie da ungestört anstellen, in Ihrem Sinne ist.

## Dauer sagt nichts über Qualität

Es ist nicht wahr, daß sich die Güte einer Eltern-Kind-Beziehung daran mißt, wieviel Zeit man füreinander hat. Man kann sich einen lieben langen Tag voller Zuwendung auf den Geist gehen, man kann aber auch in sehr kurzen Zeiten der Gemeinsamkeit ein Maß an Verbundenheit herstellen, das satt und sicher macht.

# Auch Kinder haben eine Intimsphäre

Kleine Kinder brauchen viel Zärtlichkeit. Das wird niemand bestreiten. Aber kleine Kinder mögen es oft gar nicht, wenn jeder Erwachsene sie mal eben streicheln oder auf den Arm nehmen möchte. Gerade wenn Mama oder Oma sie mitten aus einer wichtigen Beschäftigung einfach herausgreifen, um sie schnell mal zu knuddeln oder zu küssen, reagieren viele mit Recht unwillig. Denn was wir Erwachsenen da befriedigen, ist nicht das Zärtlichkeitsbedürfnis des Kindes, sondern unser eigenes. Uns rührt dieses rundliche Menschlein mit der winzigen Nase und den großen Augen. Rührend finden wir auch seine Hilflosigkeit und Anhänglichkeit.

Nun spricht selbstverständlich nichts dagegen, wenn der zärtliche Umgang mit einem Kind auch unser eigenes Be-

**Wenn ein Kind nicht in jeder Situation zärtlich sein will, sollte man diesen Willen respektieren.**

*Erwachsene genießen die Zärtlichkeit ihrer Kinder – und Kinder die ihrer Eltern. Doch alle müssen das Recht haben, auch mal nein zu sagen.*

25

dürfnis nach menschlicher Wärme befriedigt. Aber ich halte es schon für wichtig, daß wir uns darüber klarwerden, wer hier eigentlich gerade wen braucht und warum. Ich denke, daß wir manchmal die Intimsphäre kleiner Kinder zuwenig achten.

## ── Achten Sie auf die Intimsphäre Ihres Kindes ──

● Kinder müssen auch einmal »nein« sagen dürfen, wenn ihnen gerade nicht nach Kosen zumute ist.

● Zwingen Sie Ihr Kind nicht dazu, einen anderen Menschen zu umarmen oder ihm ein Küßchen zu geben. Ein Kind sollte von klein auf erfahren, daß es ganz allein darüber entscheidet, wann und zu wem es zärtlich ist.

● Respektieren Sie es, wenn sich Ihre Kinder ab einem gewissen Alter vor Ihnen nicht mehr nackt zeigen wollen.

## Ein ganz normaler Entwicklungsprozeß

Gerade in letzter Zeit werden wir immer wieder damit konfrontiert, daß Kinder von Männern, die sie kennen, sexuell mißbraucht werden. In sehr vielen Fällen wagen diese Kinder nicht, sich zu verweigern, selbst wenn sie es könnten. Jederzeit »nein« sagen zu dürfen, kann ein wichtiger Schutz dagegen sein.

Etwa ab dem fünften Lebensjahr können die zuvor noch recht zeigelustigen und sexneugierigen Kinder manchmal eine neue Art von Scham entwickeln: Sie haben es nicht gerne, wenn Fremde ihnen beim Aus- und Umziehen zusehen; manchmal genieren sie sich sogar plötzlich vor einem oder beiden Elternteilen. Das ist eine ganz normale Entwicklungserscheinung, die unbedingt respektiert werden sollte. Lachen Sie Ihr Kind deswegen nie aus und versuchen Sie auch nicht, ihm diese Scham auszureden. Viele Kinder haben es jetzt auch nicht mehr so gerne, wenn Mutter oder Vater ihre Geschlechtsteile wäscht. Fühlen Sie sich dadurch nicht zurückgewiesen. Ihr Kind braucht schon jetzt seinen eigenen Intimbereich, damit es später auch den der anderen zu achten versteht.

## Kein Ausgleich für Glücksdefizite

Auch wenn für manche Mutter die Zärtlichkeit ihrer Kinder und ihre Dankbarkeit die einzige Genugtuung in einem sonst recht entsagungsvollen Leben sein mag: hat sie deswegen einen festen und ständigen Anspruch darauf? Müßte sie nicht gerade dann häufiger etwas für sich fordern – einen freien Nachmittag, eine Urlaubsreise ohne Kinder, ein schönes Kleid? Oder müßte sie an der Beziehung zu ihrem Partner etwas ändern, damit sie weniger angewiesen ist auf die Zuwendung des Kindes?

## Offen für neue Formen von Zärtlichkeit

Kennen Sie auch diesen Stoßseufzer angesichts eines wonnigen Babys in seinem Kinderwagen: »Ach ja, solange sie so klein sind, sind sie ja so süß – schade, daß sie nicht immer so bleiben!«

● Liegt nicht der Verdacht nahe, daß Eltern, die so etwas äußern, sich innerlich dagegen wehren, daß dieser schöne Zustand vorübergeht?
● Ob Eltern ihren Kindern damit eine gute Atmosphäre schaffen, in der sie leicht größer und selbständiger und damit auch unabhängiger von elterlicher Zuwendung werden können?
● Was soll sich ein Kind denken, das solche Äußerungen von seinen Eltern oder Großeltern hört?

Nicht nur Babys, auch größere Kinder brauchen Zärtlichkeit. Es liegt an uns, zu erkennen, in welcher Form. Je älter Kinder werden, desto eher verweigern sie sich gegen direkte Zärtlichkeiten wie Schmusen und Streicheln, doch nach wie vor brauchen sie zärtliche Worte und Gesten und das Gefühl, in ihrer jeweiligen Entwicklungsphase angenommen zu werden.

Kinder brauchen Eltern, die so unabhängig und selbstbewußt sind, daß sie sich über ihr süßes Baby genauso freuen können wie über ihre rotzfreche Neunjährige oder über das Abenteuer, wie aus einem abhängigen Kind ein Erwachsener wird – womöglich ein ganz anderer, als sie ursprünglich erwartet hatten.

*Wenn es um Ordnung im Kinderzimmer geht, klaffen die Vorstellungen von Kindern und Eltern oft weit auseinander.*

Auf einem gestickten Tuch in der Wohnküche meiner Großmutter stand der Spruch: »Liebe Ordnung, halte sie, sie erspart dir Zeit und Müh!« Heute hört man manch einen sagen: »Wer aufräumt, ist nur zu faul zum Suchen.«

# Ordnung und Sauberkeit

## Der verzweifelte Kampf um Ordnung

Für Eltern ist das Thema »Ordnung im Kinderzimmer« offenbar ein Dauerbrenner. In meinen Elternseminaren sind wir ungezählte Male bei diesem Problem gelandet. Auffallend war dabei, daß in den Diskussionen um dieses Thema so oft moralische Begriffe verwendet wurden. Ordnung wird meist zusammen genannt mit Sauberkeit. Ordentlich und sauber sind nicht nur Schränke und Hände, sondern auch die Gedanken, der Charakter. Wer unordentlich ist, ist wahrscheinlich auch unsauber, unhygienisch, gefährlich. Bei so einem Menschen muß man auch sonst mit einigem rechnen. Ja, muß man? Kann ich nicht ein grundanständiger Mensch und dabei ein fürchterlicher Schlamper sein?

Ich habe die Erfahrung gemacht, daß es nicht genügt, mit noch so überzeugenden Plädoyers für mehr Toleranz gegenüber kindlichen (Un-)Ordnungen einzutreten, solange Eltern sich nicht darüber im klaren sind, aus welchen Wurzeln ihre Liebe zur Ordnung mitunter gespeist wird.

## Zuviel Ordnung macht unfrei

Wenn Sie Romane aus vergangenen Zeiten lesen, werden Sie immer wieder darauf stoßen, daß das Dienstpersonal wohlhabender Häuser stets angehalten wurde, Blankes blank zu halten, für Ordnung und makellose Sauberkeit zu sorgen. Wer so beschäftigt und angehalten wird, kommt nicht auf dumme Gedanken. Liegt da der Gedanke so fern, daß auch die Hausfrauen von heute von aufmüpfigen Ideen abgehalten werden, solange sie die Ideologie akzeptieren, daß man in einem gut geführten Haushalt vom Fußboden essen kann, daß man nicht mit gutem Gewissen aus dem Haus gehen kann, bevor nicht Staub gesaugt und die Stahlspüle in der Küche poliert wurde?

## Sinnvolle oder übertriebene Ordnung?

Ich will jetzt nicht den Eindruck entstehen lassen, als wolle ich dem großen Chaos das Wort reden und jede Ordnung verteufeln. Ordnung hat durchaus ihren zweckmäßigen Sinn:
- Man möchte in der Wohnung frei gehen können
- Es soll nichts kaputtgehen oder verderben
- Man möchte das, was man braucht, auch finden.
Ich wende mich aber gegen eine Art von Ordentlichkeit, die durch Zweckmäßigkeitserwägungen nicht mehr zu rechtfertigen ist, eine Ordnung, die steril ist, ängstlich am

Wenn unsere Kinder schöpferisch und phantasievoll sein sollen, dann müssen sie das Bestehende in Frage stellen dürfen, auch bestehende Ordnungen.

*Jedes Kind braucht einen eigenen Bereich, in dem es seine eigenen »Ordnungsprinzipien« erproben kann.*

29

Üblichen und Überlieferten festhält und von vornherein keine Veränderungen zuläßt. Wo uns als Begründung für notwendiges Aufräumen nichts Besseres einfällt als: »Wie sieht das denn aus!« oder »Da muß man sich ja schämen!«, da sollten wir doch aufmerksam werden und uns erst einmal selbstkritisch befragen.

## Vieles regelt sich von selbst

Daß Ordnung auch eine höchst praktische Seite hat, lernen Kinder ohne jeden Druck und spätestens dann, wenn sie einen Gegenstand verzweifelt suchen, der eigentlich einen festen Platz hat. Sie wollen in höchster Eile ihr Fahrrad holen, aber der Garagenschlüssel hängt nicht da, wo er hingehört. Wer in Hektik sucht, findet nichts. Inzwischen sind die Freunde längst im Schwimmbad. Wetten, daß ab jetzt der Schlüssel stets an seinem Platz hängt? Ihr Kind wird dabei hartnäckig sagen, das sei nicht Ordnung, sondern Zweckmäßigkeit – womit es recht hat.

# Chaos im Kinderzimmer

## Ein Herz für Sammler

In einem Vortrag habe ich einen Anthropologen einmal sagen hören, seiner genetischen Ausstattung nach befinde sich der Mensch nach wie vor auf der Stufe der Jäger und Sammler. Dieser Satz ist mir unzählige Male eingefallen, wenn ich mit dem Chaos im Kinderzimmer konfrontiert war. »Jäger und Sammler«, habe ich gedacht, wenn ich überall verstreute Kronenkorken in Dosen schaufelte, mit einem der Söhne einen verzweifelten Disput darüber führte, ob ausgekaute und wieder eingewickelte Kaugummis gesammelt werden dürfen oder nicht, wenn ich eine

**Bleiben Sie gelassen!**
Fast alle Kinder sind unordentlicher, als es ihren Eltern recht ist. Aber fast alle Eltern erinnern sich, daß sie als Kinder mit ihren Eltern den gleichen Streit hatten. Das zeigt doch, daß Kinder beim Heranwachsen irgendwann das Maß an Ordnung lernen, das ihnen nötig erscheint.

Schranktür ganz schnell wieder zumachte, weil die unsortierte Flut des Aufgehobenen sich zu erbrechen drohte. Da werden Reklameprospekte gesammelt und bunte Aufkleber, Steine, Blätter, Blech- und Pappdosen, Kastanien, leere Tintenpatronen und Garnrollen, Bonbonpapiere und tote Käfer. Ist das alles wirklich nur unnützes Zeug?

Haben Sie sich schon einmal ein farbig transparentes Bonbonpapier vor das Auge gehalten und dadurch die ganze Welt in einem anderen Licht gesehen? Haben Sie den kunstvollen Druck eines Reklameprospekts für Porzellanteller schon einmal bewußt betrachtet oder die Form und die Bebilderung einer leeren Keksdose? Sehen Sie sich die bunten Kiesel vom Urlaubsstrand einmal genauer an! Wir Erwachsenen haben oft verlernt, über all dies zu stau-

**K**inder sind Sammler. Für sie haben selbst Dinge, die uns wertlos scheinen, einen ganz besonderen Reiz.

*Wer kein Sammler ist, wird niemals begreifen, daß es fast nichts gibt, woraus sich nicht die Sammelleidenschaft eines Kindes entwickeln läßt.*

31

nen. Wir wissen allerdings auch, daß wir in kurzer Zeit von Aufgehobenem überschwemmt würden, von den Dingen, von denen wir uns – noch – nicht trennen wollen.

## Sortieren statt Wegwerfen

Unsere Kinder sind der Überfülle des zu Recht als schön oder interessant Angesehenen viel weniger gewachsen als wir. Und ihre Geduld reicht selten aus, das Gehortete sinnvoll zu sortieren. Aber sie müssen wohl erst selbst erlebt haben, daß sich ein Schrankfach nach dem anderen füllt mit Dingen, die man nie wieder ansieht oder benutzt, zwischen denen schließlich auch das wenige verschwindet, an das man sich erinnert, das man dann vergeblich sucht. Erst dann sind Verhandlungen über Wegwerfen und Sortieren erfolgversprechend.

**Vor eigenwilligen elterlichen Wegwerfaktionen möchte ich dringend warnen. Selbst wenn Sie besten Gewissens versuchen, mit den Augen des Kindes auszusortieren, Sie erwischen garantiert etwas Falsches. Es gibt Tränen und bittere Vorwürfe, und das Vertrauensverhältnis bekommt einen Knacks.**

### So schaffen Sie Platz

- Machen Sie Ihrem Kind Vorschläge, was man Ihrer Meinung nach wegwerfen könne.

- Wovon sich das Kind noch nicht so recht trennen kann, kommt in einen Karton.

- Wenn der Karton voll ist, wird er geschlossen mit Datum versehen und in eine Ecke gestellt.

- Wenn nach einer vereinbarten Zeit – vielleicht einem halben Jahr – niemand mehr einen Blick in diesen Karton geworfen hat, kann er weggeworfen werden.

- Was unbedingt aufgehoben werden muß, wird in gemeinsamer Aktion sortiert. Stapelbare Sortierkästen, wie sie in Baumärkten angeboten werden, aber auch viele Büchsen und Schachteln, die sowieso gesammelt werden, können da helfen.

# Georg sorgt für Ordnung

Georg ist anderthalb. Seine Eltern sind alles eher als Ordnungsfanatiker. Seit einiger Zeit aber sorgt Georg pedantisch für Ordnung. Kommt ein Gast, weist er ihn mit aufforderndem Zeigefinger und unwilligem Gesicht darauf hin, daß er gefälligst die Schuhe ausziehen und auf das Brett im Flur stellen soll. Seinen Eltern ist das peinlich. Wie stehen sie denn da? Als ob sie ihr Kind mit solchen Marotten drangsalierten oder sie ihm beigebracht hätten, um ihre Gäste zu vertreiben. Warum tut der Junge das?

## Kinder wollen Regeln

Georg versucht zu verstehen, »wie das Leben ist«, nach welchen Regeln es sich richtet. Denn nur, wer die Regeln kennt, denen eine Sache folgt, kann diese Sache beherrschen. Chaos macht Angst, weil es unberechenbar ist. Erkennbare Regeln schaffen Sicherheit, Verläßlichkeit, geben das Gefühl, daß man der Sache gewachsen ist. Dabei kann ein so kleines Kind freilich nicht unterscheiden, was für das reibungslose Funktionieren wesentlich ist und was nicht.

Ein-, Zwei-, Dreijährige bestehen oft eisern darauf, daß die Dinge regelmäßig so bleiben oder gemacht werden, wie sie ihrer Meinung nach sein und gemacht werden müssen. Wenn Sie einem Kind in dem Alter eine Geschichte erzählen, merken Sie sich bloß die Formulierungen. Wenn Sie ein kleines Spiel mit ihm machen, merken Sie sich genau, wie es war. Denn morgen verlangt es das gleiche wahrscheinlich wieder, und wehe, Sie haben etwas verändert. Unsereinem wird es schnell langweilig, immer genau dasselbe zu sagen oder zu tun. Es verlangt uns wenigstens nach Variationen. Aber das Kind mag das in diesem Alter überhaupt nicht. Ganz besonders wichtig

**B**esonders kleine Kinder bestehen oft auf der genauen Einhaltung von Abläufen und Ritualen. Sie halten gern am Gewohnten fest und fürchten Veränderungen.

sind solche Sicherheit versprechenden Rituale beim Schlafengehen. Denn Dunkelheit und Einschlafen lassen besonders leicht Ängste aufblühen, gegen die man sich schützen muß.

## Hilfreiche Rituale

**Manche Gewohnheit im Familienleben, die früher von manchem als Einengung kritisiert wurde, kann sich als nützlich erweisen, um Kindern das Gefühl von Sicherheit und Geborgenheit zu vermitteln.**

Auch für Erwachsene sind Rituale hilfreich, besonders in Situationen, die sonst schwer zu bewältigen sind. Freilich können solche Vorschriften auch zur Fessel werden, wenn einer, der die Riten nicht einhält, von den anderen kritisiert oder geächtet wird. Ich glaube, daß viele Menschen in den letzten Jahrzehnten in dem Bemühen, sich aus den Fesseln irrationaler Gewohnheiten zu befreien, jeden zum freien Gestalten seines Lebens nach individuellen Regeln zu ermutigen, zu eifrig waren. Sie haben die hilfreiche Funktion solcher Rituale unterschätzt. Auch im Familienleben wurden viele Normen angezweifelt und abgeschafft, weil sie als einengend erlebt wurden. Sonntagskleider, feste Essen- und Schlafenszeiten, Rituale für den Alltag, für kleine Feiern und große Feste. Nach den Sonntagskleidern, in denen man untätig herumsitzen mußte, weil sie so empfindlich waren, sehne ich mich nicht zurück. Aber manchmal ist es auch schön, zu einer besonderen Gelegenheit etwas Besonderes anzuziehen. Ich möchte kein Kind zum Schlafen zwingen, wenn es nicht müde ist. Aber viele, die regelmäßig nach dem Mittagessen ins Bett gelegt werden, kriegen dann doch schon bei den letzten Bissen kleine Augen. Das haben wir ja dem kleinen Georg aus dem Anfangsbeispiel voraus. Wir müssen nicht unterschiedslos alles so machen, wie es immer gemacht wurde. Wir können unterscheiden, was uns oder unsere Kinder einengt, was uns oder ihnen hilft. Das eine können wir abschaffen, das andere können wir beibehalten. Aber nicht jede Marotte, jede liebgewordene Regel muß vernünftig oder rational begründbar sein.

# Wie sauber müssen Kinder sein?

## Wo gehobelt wird, fallen Späne

Von Menschen, die sehr neugierig sind, sagt man: Sie stecken ihre Nase in jeden Dreck. Neugierde aber ist eine der wichtigsten Tugenden kleiner Kinder. Wer als Kind nicht Nase und Finger in jeden Dreck steckt, hat wenig Chancen, ein kluger, kreativer, lebenspraktischer Erwachsener zu werden – er wird eher einer, »der Angst hat, sich die Finger schmutzig zu machen«.
Jedes Kind drängt nach draußen, ob es nun regnet, schneit oder die Sonne scheint. Es hat dort immer was zu tun: in Pfützen plantschen, im Sand buddeln, eine Schlittenbahn anlegen, durchs Gebüsch pirschen. Davon wird man dreckig. Na und?

## Dreck macht Spaß!

Aber schmutzig sein ist nicht nur eine unvermeidliche Begleiterscheinung von Unternehmenslust, es ist auch selbst lustvoll.
● Kennen Sie noch das Gefühl, mit nackten Füßen durchs Wattenmeer zu stapfen?
● Erinnern Sie sich noch, wie schön es ist, mit den Händen im Tapetenkleister zu manschen?
● Haben wirklich nur Kinder das Bedürfnis, sich im Modder zu wälzen, bis sie aussehen wie Erdferkel?
Uns Erwachsenen hat man sie vielleicht abgewöhnt, die Lust am Dreck, aber unsere Kinder haben sie noch, und wir sollten sie ihnen nicht vermiesen.
Manchmal werden in der Erziehung Sauberkeit und Moral miteinander verknüpft. »Schämst du dich nicht, dich so schmutzig zu machen!« Von jemandem, der schmutzig ist, wird eher erwartet, daß er sich unmoralisch verhält. Diese Verknüpfung ist ein leider noch immer nicht

**H**aben Sie als Kind nicht auch nach Herzenslust im Dreck gebuddelt und im Schlamm gesuhlt? Dann gönnen Sie Ihren Kindern doch auch das Vergnügen!

35

ganz ausgerottetes Relikt aus prüderen Zeiten, in denen Körperlichkeit an sich etwas Schmutziges und Anrüchiges war. Sich reinigen bedeutete da auch »sich reinhalten«, »sittsam und rein« zu sein. Wenn wir unseren Kindern aber ein unbefangenes Verhältnis zu ihrem Körper und allen seinen Funktionen vermitteln wollen, müssen wir diese Verknüpfung auflösen. Es gibt keinen Grund, sich für Schmutz zu schämen.

## Waschen aus Prinzip?

Kommen wir zum Waschen: Auch Waschen kann ein Vergnügen sein, wenn das, was eben noch am Körper klebte, als schwarze Brühe in den Abfluß läuft. Wie oft aber nötigen wir unsere Kinder, sich zu waschen, wenn sie überhaupt nicht das Gefühl haben, schmutzig zu sein? Waschen als Pflichtübung, als Verneigung vor dem Willen der Erwachsenen, ohne Einsicht, warum das jetzt nötig sein soll. Da wird »nur so tun als ob« zum leisen Protest des Machtlosen.

## Nach dem Klo und vor dem Essen...

Daß man sich vor dem Essen die Hände wäscht, das ist eine durchaus berechtigte Regel, die schon sehr früh eingeübt werden kann. Am leichtesten lernt sie das Kind, wenn wir seinen Nachahmungswunsch herausfordern. Waschen Sie sich gemeinsam mit dem Kind vor jeder Mahlzeit die Hände. So wird das Waschen zu einer Selbstverständlichkeit, die genauso dazugehört, wie daß man sich zum Essen an den Tisch setzt.

Aber was ist »weil wir weggehen wollen« für eine Begründung fürs Händewaschen – werden sie doch in kürzester Zeit schlimmer aussehen als vorher, wenn das Kind damit nur mal eben an Nachbars Gartenzaun entlanggefahren ist.

**D**ie Verknüpfung von Sauberkeit und Moral stammt noch aus Zeiten, in denen Körperlichkeit an sich etwas Anrüchiges war. Heute sollten hygienische Gründe im Vordergrund stehen.

## So wird Sauberkeit nicht zum Problem

● Auch mit einem angeschmutzten Kind kann man in die Öffentlichkeit gehen. Es soll auch im Bus Leute geben, die an strahlenden Schmutzfinken ihre Freude haben.

● Sparen Sie sich die ständigen Ermahnungen »Mach dich nicht gleich wieder schmutzig!«, und kaufen Sie lieber viele billige Kleidungsstücke als wenige teure.

● Die Badewanne sollte kein Ort sein, an dem man nur rücksichtslos von oben bis unten eingeseift und abgeschrubbt wird und Haarshampoo in den Augen brennt. Schöner ist es doch, wenn man beim Baden ausgiebig spielen und planschen kann. Sauber wird man dabei fast nebenher. Schließlich ist zuviel Seife sowieso ungesund.

● Wenn das Haarekämmen ständig zur nervenaufreibenden Prozedur wird, dann lassen Sie die Mähne doch einfach kürzer schneiden.

● Kein Kind wird krank, wenn es abends mal ungewaschen ins Bett geht. Fast alle Kinder und Jugendlichen haben mal eine Ferkelphase. Die Aversion gegen Wasser legt sich leichter, wenn man zu nichts gezwungen wird.

● Achten Sie lieber auf geputzte Zähne als auf einwandfreie Fingernägel! Wenn die Pflege der Zähne im Kindesalter vernachlässigt wurde, sind die Folgen das ganze Leben lang nicht mehr rückgängig zu machen.

Fast jedes Kind hat einmal eine Phase, in der es eine chronische Abneigung gegen Waschwasser entwickelt oder den Kamm links liegen läßt. Das ist kein Grund zur Panik, erfahrungsgemäß legen sich solche »Schmuddelzeiten« meist von selbst wieder.

*Früh übt sich … Im Spiel kann man den höflichen Umgang mit anderen Menschen erlernen.*

Freude und Dankbarkeit sind Gefühle, die man nicht erzwingen kann. Wer das versucht, kann bestenfalls erreichen, daß diese Gefühle von den Kindern vorgetäuscht werden.

# Zum Thema »Gutes Benehmen«

## Heißt Dankbarkeit nur »Danke schön!«?

Es ist Besuch gekommen. Die Tante hat der vierjährigen Sarah Malstifte mitgebracht. Sarah reißt sie ihr fast aus der Hand, macht sich sofort auf den Weg ins Kinderzimmer, um sie auszuprobieren. Das auffordernde »Wie sagt man!?« der Mutter hört sie kaum noch. Gleich beginnt sie, ein Bild zu malen, und beschließt, es der Tante zu schenken. Sarah will sich dankbar erweisen. Da erscheint tadelnd und mahnend die Mutter. »Sag mal, weißt du nicht, was sich gehört? Geh jetzt sofort, sag ordentlich danke, und gib der Tante ein Küßchen!« Aber Sarah will nicht danke sagen. Sie will auch kein Küßchen geben, denn das Gesicht der Tante schmeckt nach Creme. Außerdem drückt sie einen immer so sehr. Die Mutter aber besteht auf sofortiger Danksagung. Ihr ist das unhöfliche Kind peinlich. Es wird laut im Kinderzimmer. Schließlich zerreißt Sarah das angefangene Bild, wirft es auf den Boden und stampft darauf herum. Nichts geht mehr. Keine freundlichen Gefühle, keine Dankbarkeit, nur noch Wut und Widerwillen.

### Überzogene Erwartungen hemmen jede Freude

Eltern argumentieren oft, sie müßten doch Kinder von klein auf dazu erziehen, auf freundliche Gesten ihrer Mitmenschen auch mit Freundlichkeit zu antworten. Aber das tun sie ja oft ganz spontan, wie auch Sarah es tun wollte. Kindern fällt es oft schwer, sich der Floskeln und Verhaltensweisen der Erwachsenen zu bedienen. Aber nun mal ehrlich: Sind die denn wirklich so wichtig?

## Nehmen Sie die spontane Freude des Kindes an

- Ist die freundliche Geste nicht wichtiger als die korrekte Form?
- Ist ehrlich mitgeteilte Freude nicht ein schönerer Dank als eine artige Formel?
- Muß Dankbarkeit geheuchelt werden, wenn man sie nicht empfindet?

## Manche Geschenke sind eigentlich keine

Da hat ein Gast zum zweiten Mal eine Dose der gleichen Bonbons mitgebracht, von denen das Kind schon beim ersten Mal ehrlich gesagt hatte, daß es gerade die nicht mag. Ist das nicht wirklich gedankenlos? Haben nicht auch wir für solche Fälle, trotz formaler Einhaltung der Regeln, fein abgestufte Nuancen der Dankbarkeitsbezeugung von begeistert bis frostig?

**Über** Heuchelei bei anderen ärgern wir uns zu Recht. Warum soll ein Kind nicht seine Enttäuschung zeigen dürfen, wenn es ein Geschenk bekommt, über das es sich nicht freuen kann?

- Warum soll eine Vierjährige dankbar sein, wenn sie ein Fünfmarkstück mit der Auflage bekommt, es gleich in ihre Sparbüchse zu stecken? Sie darf die Dose nicht allein ausräumen, sie weiß auch noch nicht, was dafür gekauft werden soll. Worüber soll sie sich freuen?
- Warum soll der Sechsjährige dankbar sein, dem die Oma ein paar neue Hausschuhe schenkt, die ihm sonst die Eltern hätten kaufen müssen.
- Was würden Sie sagen, wenn Ihnen Ihre Kollegen im Büro ein neues Farbband für die Schreibmaschine schenken würden? Dankbarkeit empfinden wir doch auch nur, wenn wir beim Schenkenden das ehrliche Bemühen spüren, uns eine Freude zu machen.

## Erklärungen statt Vorwürfe

Nun weiß ich allerdings auch, daß Kinder selbst bei gelungenen Geschenken im Eifer des Gefechts das Zeigen von Dankbarkeit auch einmal vergessen. Aber oft ändern sie ihr Verhalten, wenn man ihnen ohne Vorwurf deutlich macht, daß da gerade jemand enttäuscht ist, der es gut mit ihnen meinte. Daß sich da jemand extra die Mühe gemacht hat, für sie etwas Besonderes mitzubringen. Daß sie da jemanden sehr erfreuen könnten, wenn sie empfundene Dankbarkeit auch ausdrücken. Wenn man also nicht Verhalten fordert, sondern auf die Empfindungen der anderen aufmerksam macht, verstehen Kinder oft sehr gut, was wir überhaupt meinen.

**Oft klagen Erwachsene, Kinder würden immer anspruchsvoller, würden sich über Kleinigkeiten kaum noch freuen. Ich weiß nicht, ob man diesen Vorwurf nicht an viele Erwachsene zurückgeben muß.**

### Wie gehen wir mit den Geschenken unserer Kinder um?

● Zeigen denn wir uns unseren Kindern gegenüber immer dankbar?

● Was soll denn ein Kind davon halten, wenn es ein frisch gepflücktes Gänseblümchen, das es uns überreicht hatte, nach unserem Weggehen auf dem Fußboden findet?

● Was tun wir mit Selbstgebasteltem aus Kindergarten und Schule? Finden wir ein ehrenvolles Plätzchen dafür, oder sieht das Kind sein Geschenk alsbald im Papierkorb liegen?

● Wenn uns das kindliche Geschenk so wenig freut, wie sehr soll sich dann ein Kind über Hausschuhe freuen und dafür auch noch dankbar sein?

# Was ist eigentlich Höflichkeit?

Kinder lernen Höflichkeit leichter, wenn sie selbst erfahren dürfen, wie angenehm es ist, höflich behandelt zu werden. Doch behandeln wir unsere Kinder tatsächlich immer höflich und respektvoll?

## Zum Beispiel Jaqueline

Die dreijährige Jaqueline muß zum Arzt. Sie soll den Mund aufmachen, einatmen, ausatmen, aufstehen, hin- und hergehen. Während sie all dies zunächst gehorsam tut, redet der Arzt unentwegt mit der Mutter – fragt, erklärt, aber mit Worten, die Jaqueline nicht versteht. Nur hin und wieder unterbricht er sich, um Jaqueline eine neue Anweisung zu geben. Jaqueline wird immer ungeduldiger. Und als sie schließlich eine Tafel an der Wand ansehen und sagen soll, was da für Bilder drauf sind, bockt sie und sagt überhaupt nichts. Der tadelnden Mutter erklärt sie hinterher, der Arzt sei doof, und sie wolle zu dem nicht mehr gehen. Recht hat sie! Sie ist die Patientin! Der Arzt soll seine Fragen und Erklärungen an sie richten, sich bemühen, so zu formulieren, daß sie es verstehen kann. Dann wird Jaqueline auch das Gefühl haben, es gehe um ihre Gesundheit, zu deren Erhaltung sie etwas tun kann und muß. So aber fühlt sie sich behandelt wie ein Gegenstand – eben unhöflich!

## Hier ist Sensibilität gefragt

● Es ist unhöflich, wenn Eltern in Gegenwart der Kinder über sie reden, so als wären sie nicht da oder zählten nicht recht. Und das nicht nur, wenn sie der Nachbarin erzählen, wie der arme Junge sie gestern auf dem Ausflug verloren und schrecklich laut geheult habe, sondern auch, wenn sie ihn in den höchsten Tönen loben und

Wenn wir unsere Kinder höflich, freundlich und zuvorkommend behandeln, lernen sie die notwendigen Umgangsformen fast von selbst. Sie müssen aber auch das Recht haben, unhöfliche Verhaltensweisen von Erwachsenen zu kritisieren.

*Wenn ein Kind zu Hause ständig in den höchsten Tönen gelobt wurde und stets im Mittelpunkt stand, fällt es ihm in Kindergarten und Schule doppelt schwer, sich in die Gruppe einzugliedern.*

Höflichkeit ist keine Frage der Form, sondern der Respektierung des Willens und der Eigenheiten anderer Menschen.

dem Kleinen dabei gönnerhaft den Kopf streicheln. Aber der liebe Kleine mag das vielleicht gar nicht, wenn er vor anderen Leuten so auf den Präsentierteller gesetzt wird.

● Unhöflich ist es auch, in die Intimsphäre eines Menschen weiter einzudringen, als der das gestatten möchte. Einem kleinen Kind, das »fremdelt«, das sich ängstlich hinter Mutters Hosenbein zurückzieht, darf ich mich deshalb nicht weiter nähern, als es ertragen kann, und es auch nicht zwangsweise tätscheln, wenn es das nicht mag. Ich darf die gemalten Bilder der Dreijährigen ebensowenig gegen ihren Willen herumzeigen, wie ich später ihre Briefe oder Tagebücher lesen darf.

● Unhöflich ist es auch, die Ungeschicklichkeit oder Unerfahrenheit von kleinen Kindern auszunutzen, um sie damit aufzuziehen. Es scheint noch immer bei Erwachsenen ein beliebtes Spiel zu sein, einem kleinen Kind etwas hinzuhalten, und wenn es ungeschickt danach greift, wieder wegzuziehen. Hat das schon mal jemand mit Ihnen probiert? Können Sie sich erinnern, wie wahnsinnig wütend Sie das gemacht hat? Oder können Sie sich vorstellen, mit einem Kollegen so umzugehen?

## Versetzen Sie sich in die Lage des Kindes

Unter diesem Blickwinkel werden auch Ihnen noch viele Situationen einfallen, in denen wir Kinder anders behandeln als Erwachsene – wesentlich unhöflicher!

● Wenn Sie versehentlich mit einem Erwachsenen zusammenstoßen, sagen Sie wahrscheinlich: »Entschuldigung«. Bei einem Kind sagen viele nur: »Paß doch auf!«

● Steht Ihnen ein Erwachsener im Weg, sagen Sie wahrscheinlich: »Darf ich mal durch?« Bei einem Kind sagen viele: »Geh mal weg da!«

Wie Sie solchen weit verbreiteten Unhöflichkeiten am besten auf die Spur kommen, habe ich schon erwähnt: Versuchen Sie sich vorzustellen, es ginge jemand mit Ihnen so um wie mit einem Kind, und prüfen Sie dann Ihre Gefühle. Kinder lernen von den Erwachsenen.

## Grüßen Sie doch einfach zuerst

Viele Erwachsene warten, wenn sie einem bekannten Kind begegnen, darauf, von diesem zuerst gegrüßt zu werden. Grüßt das Kind nicht, gilt es als unhöflich. Die sicherste Methode, ein Kind ans Grüßen zu gewöhnen, ist aber die, es freundlich als erster zu grüßen. Haben Sie schon erlebt, daß ein Kind in dieser Situation nicht ebenso antwortet? Gehen wir doch mit gutem Beispiel voran! An und für sich gilt es doch als höflich, daß einer, der etwas schon gut kann, einem anderen, der noch übt, eine »Vorgabe« gibt.

Es gehört sich nicht, Kinder zu Auskünften zu zwingen, die sie nicht geben wollen. Wenn wir ein »Das möchte ich nicht sagen« nicht akzeptieren, dürfen wir uns nicht wundern, wenn wir belogen werden.

# Mit dem Kind auf Besuch

Sie wollen mit Ihrem Kind einen Besuch machen, und es ist Ihnen wichtig, daß das Kind dort einen guten Eindruck macht oder doch wenigstens nicht unangenehm auffällt. Also sagen Sie zu ihm: »Heute mußt du schön brav sein.« Aber was passiert? Es benimmt sich »wie zu Hause« oder gar besonders unausstehlich – so als wären Ihre Ermahnungen glatt durch es hindurchgegangen. Es war die ganze Zeit nicht möglich, mit den Gastgebern ein vernünftiges Gespräch zu führen, und Sie sind viel früher wieder aufgebrochen, als Sie es ursprünglich vorhatten, weil Ihnen das Verhalten Ihres Kindes so furchtbar peinlich war. Wie kommt das bloß?

Benimm dich gut! Sei brav! Iß anständig! Antworte nur, wenn du gefragt wirst! Wie soll sich ein Kind das alles merken, wenn es nicht weiß, wozu das gut sein soll?

## Weiß Ihr Kind, was Sie von ihm erwarten?

»Sei schön brav!« ist bestimmt keine genaue Information – denn was heißt das eigentlich? In einem Falle heißt es vielleicht: »Sei möglichst ruhig und unauffällig, denn wir Erwachsenen haben Wichtiges miteinander zu bereden.« Im anderen Falle aber: »Sei lebhaft und witzig, zeig, was du schon alles kannst, denn wir möchten stolz auf dich sein.« Das Kind merkt natürlich, daß von ihm irgend etwas verlangt wird, daß zwischen ihm und uns etwas steht, was es nicht begreift. Und es reagiert darauf mit Unsicherheit.

● Womöglich bemüht sich das Kind immer hektischer, mit gewohnten oder völlig überzogenen Verhaltensweisen bei uns wieder »normale« Reaktionen herauszufordern.
● Oder aber es versucht, dieser unangenehmen Situation zu entfliehen, indem es sich greinend an uns hängt.

In beiden Fällen ist es unser übertriebener Ehrgeiz, der bei dem Kind zu diesen überspitzten Reaktionen führt.

*Wenn es Kindern bei anderen Leuten langweilig ist, spielen sie gerne den Clown. Wenn die Erwachsenen lachen, drehen sie oft immer mehr auf, denn selbstverständlich gefällt es ihnen, im Mittelpunkt zu stehen.*

## Was wollen denn die Kinder?

Kinder haben ihre eigenen Vorstellungen und Wünsche, wenn sie mit uns einen Besuch machen. Gibt es da Kinder, mit denen man spielen kann? Gibt es da einen Raum oder einen Garten, in den man sich zurückziehen kann, oder muß da brav am Tisch sitzen bleiben, während die Erwachsenen sich unterhalten? Wenn Sie schon im Vorfeld befürchten müssen, daß sich Ihr Kind langweilen wird, dann nehmen Sie doch ein paar Spielsachen mit, oder versuchen Sie, ob Sie das Kind für die Dauer Ihres Besuches nicht bei seinen Spielkameraden unterbringen können.

## Auf die Umgebung kommt es an

Wenn Kinder sich wohl fühlen und ernstgenommen werden, verhalten sie sich eher so, wie wir es uns wünschen. Aber häufig ist es eben nicht so, und in solchen Fällen

45

**R**ücksicht nehmen lernen Kinder leichter, wenn sie erleben, daß auch auf ihre Wünsche und Eigenheiten Rücksicht genommen wird.

müssen wir dann oft feststellen, daß Kinder hemmungslos versuchen, sich in den Mittelpunkt zu stellen und eine ganze Erwachsenenrunde zu »unterhalten« suchen. Die Situation läßt sich eigentlich ganz einfach erklären. Das Kind langweilt sich. Es möchte ein bißchen »Leben in die Bude bringen«. Also beginnt es, Faxen zu machen. Die Erwachsenen lachen. Das Kind dreht immer mehr auf, denn selbstverständlich gefällt es ihm, im Mittelpunkt zu stehen. Die Eltern versuchen zu bremsen, die Übrigen aber verbergen ihren Unmut, um die Eltern nicht zu kränken. Das Kind aber macht immer weiter, weil es glaubt, die anderen interessierten sich für seine Faxen, und die Eltern wollten ihm bloß den Spaß verderben. Wiederum sind es Motive der Erwachsenen, die die Situationen für das Kind schwer durchschaubar machen.

## Mit Verständnis geht gutes Benehmen viel leichter

Viel einfacher wäre es, wenn alle ehrlich sagten, was sie denken oder wünschen. Wenn wir Kindern die Eigenheiten bestimmter Personen genauer erklärten, anstatt ihnen nur Verhaltensmaßregeln zu geben, hätten sie es auch leichter, sich darauf einzustellen, und werden sie sich auch eher bemühen, Rücksicht zu nehmen.

● Warum sollen sie nicht wissen, daß Onkel Herbert und Tante Gertrud sich gerade getrennt haben, daß der Onkel traurig ist und vorübergehend keine Lust für Kissenschlachten hat und daß man besser auch nicht nach Tante Gertrud fragt. Noch besser wäre es freilich, der Onkel spräche selbst mit ihnen darüber.

● Daß die Oma böse wird, wenn man mit dem Essen manscht, verstehen Kinder viel leichter, wenn man ihnen erzählt, wie wenig es früher oft zu essen gab und wie hungrig die Oma als Kind oft war.

# Restaurantbesuch ohne Schrecken

Auch Eltern mit Kindern möchten sich gelegentlich das Vergnügen gönnen, auswärts essen zu gehen. Insbesondere Mütter genießen es, mal etwas genießen zu dürfen, was sie nicht selbst zubereiten mußten. Aber unter ungünstigen Bedingungen kann eine solche Unternehmung zum Streß für alle Beteiligten werden. Wie aber schafft man günstige Bedingungen?

## Die Wahl des Restaurants entscheidet

Edle Tischtücher, schmale Blumenväschen und brennende Kerzen sind nur dann stimmungsvoll, wenn man sie nicht ständig festhalten muß und nicht mit mindestens einem umgestoßenen Saftglas pro Mahlzeit zu rechnen hat. Rustikale Tische sind Kindern besser gewachsen. Kinderstühlchen und Kinderportionen sind hoffentlich inzwischen überall eine Selbstverständlichkeit. Haben

*Der Besuch von feinen Restaurants ist erfahrungsgemäß streßreich für Eltern und Kinder. Eltern glauben dort, auf Etikette achten zu müssen, und überhäufen ihre Kinder mit Reglementierungen und Zurechtweisungen. Dann doch lieber ein einfaches Lokal, in dem die Kinder auch umhergehen können!*

47

Sie aber auch keine Hemmungen, für ein kleines Kind mit kleinem Hunger einfach nur einen leeren Teller zu bestellen, auf dem Sie ihm von Ihrem Essen abgeben, was es sieht und mag.

## Zum Thema »Tischmanieren«

Ich meine, auch hier ist die Grenze da, wo das Verhalten des einen dem anderen den Appetit verdirbt. Aber ich finde nichts dabei, wenn auch im Restaurant ein kleines Kind Kartoffel- oder Fleischstücke mit den Fingern aufnimmt oder mit dem Löffel Saucenstraßen ins Kartoffelpüree zieht. Das stört weniger, als wenn es durch Ihre ständige Mahnerei grantig und quengelig wird. Ich kenne niemanden, der nicht in der Lage wäre, gesittet mit Messer und Gabel umzugehen, ohne daß man ihn als Kind ständig dazu angehalten oder gar gezwungen hätte.

## Andere Länder, andere Tischsitten

Früher oder später gerät mir jede Behandlung dieses Themas zu einem Loblied auf »den Italiener«. Nach meiner Erfahrung werden hier Kinder meist mit der gleichen Höflichkeit nach ihren Wünschen gefragt und beraten wie die Erwachsenen. Und die Kellner machen selbst mit Armen voller Teller gelassen einen Bogen um den auf dem Boden kriechenden Bambino. Manchmal bekommt man dort auch (jedenfalls hier in Berlin) zu einem Erwachsenengericht gratis einen Kinderteller mit Spaghetti – und welches Kind ißt die nicht gern?
Nachsicht ist freilich auch hierbei vonnöten – kaum ein Erwachsener kann Spaghetti formvollendet verspeisen –, und für Kinder ist die Lutsch- und Saugmethode immer noch die einfachste, auch wenn sie hinterher eine große Serviette fürs Gesicht brauchen. Über weiße Tischtücher sprachen wir ja schon…

**E**s gibt im Prinzip zwei Arten von Restaurants: solche, in denen man in weihevoller Ruhe kulinarisch Erlesenes genießen möchte, und solche, in denen man in kurzweiliger und interessanter Umgebung schmackhaft essen kann. Nur letztere sind für Kinder geeignet.

## So wird die Wartezeit nicht zur Nervenprobe

Schon Erwachsene warten nicht gern lange aufs Essen, Kinder erst recht nicht. Die Frage »Wie lange wird es etwa dauern?« schützt vor ärgerlichen Überraschungen. Grundsätzlich gilt, die Zeit des Wartens darf nicht langweilig sein.

● Ein Elternteil kann z. B. nach dem Bestellen der Speisen mit den Kindern nach draußen gehen. Am besten sind dabei familienfreundliche Restaurants mit einem kleinen Spielplatz vor dem Haus.

● Lassen Sie es ruhig zu, wenn Ihr Kind in den Gasträumen des Restaurants umhergeht und mit den Gästen ein Schwätzchen hält. Auch andere langweilen sich oft beim Warten und freuen sich darüber.

● Überlegen Sie gelassen, ob das, was Ihr Kind tut, wirklich jemanden unzumutbar stört, oder fragen Sie einfach, wenn Sie im Zweifel sind – dann kommen vielleicht über die Kinder sogar Erwachsene ins Gespräch.

● Vielleicht finden Sie im Restaurant Ihrer Wahl aber auch ein Kistchen mit Bilderbüchern oder Spielzeug für kleine Gäste, oder Sie nehmen selbst ein bißchen was zum Spielen, Anschauen oder Beschäftigen mit.

● Zur Not läßt sich auch mit Bierdeckeln einiges anfangen. Ein freundlicher Kellner bringt noch ein paar mehr, wenn die auf dem Tisch nicht reichen.

Wenn Sie ein Restaurant kennenlernen, in dem man sich um Kinder und ihre Bedürfnisse besonders bemüht, dann äußern Sie sich anerkennend, und geben Sie Ihre Erfahrung an andere Eltern weiter. So können Sie dazu beitragen, daß das Schule macht.

*Kinder sind Grenzgänger zwischen Phantasie und Wirklichkeit.*

Kleine Kinder sind mit ihren Gedanken oft weit weg, im Land der Phantasie, in dem es keine starren Regeln gibt, in dem Unsichtbares sichtbar und Unmögliches möglich ist.

# Lüge, Wahrheit, Phantasie

## Phantasie schafft eigene Welten

Wissen Sie eigentlich, wie viele Löwen unter dem Bett Ihres Kindes schlafen und wie viele Eisbären es im Kühlschrank versteckt hält? Wenn Kinder selbsterfundene Geschichten erzählen, hören wir oft nur ein wirres Durcheinander widersprüchlicher Gedanken ohne erkennbaren Sinn. Wir sind dann leicht geneigt, Ordnung in die Geschichte zu bringen, Widersprüche aufzulösen oder das Ganze einfach als »Spinnerei« abzutun. Aber wir täten besser daran, solche Geschichten nicht mit dem kritischen Verstand zu prüfen, sondern dem Gefühlsgehalt der Phantasien nachzuspüren.

## Eine verrückte Geschichte

»Da war ein großer Hund und ein kleiner Affe, und der Affe hat immer gesagt: du bist ein blöder Hund! Und da wollte ihn der Hund beißen. Und der Hund hat gesagt: du bist ein blöder Affe! Und da hat der Affe mit Dreck geschmissen, da war der Hund ganz bekleckert. Und auf einmal hat der Affe auch ganz große Zähne gehabt und hat dem Hund ein Bein abgebissen. Und der Hund hat auch gebissen. Aber dem Affen hat das überhaupt nicht weh getan. Und dann ist er ganz schnell auf einen Baum geklettert, und da konnte der Hund ohne sein Bein nicht hinterher. Und da kam ein Krokodil und hat den Hund aufgefressen. Und da hat der Affe dem Krokodil den

Schwanz abgebissen, und da war der Hund drin, weil er zum Po wieder rauskriechen wollte, und da war der Hund im Bauch von dem Affen. Und der Hund war tot und das Krokodil auch und bloß der Affe nicht.«

## Wie läßt sich Silkes Geschichte interpretieren?

Die fünfjährige Silke, die das erzählt, ist recht ängstlich. In dieser Geschichte setzt sie sich mit stark und schwach auseinander. Was darf sich ein Schwächerer einem Stärkeren gegenüber leisten? Hat er nicht auch Stärken, die ihm Vorteile verschaffen? Aber was das Schöne an der Phantasie ist: sie braucht sich um die Bedingungen der Realität nicht zu kümmern. Da wird der Schwächste auf einmal zum Stärksten, er wird gebissen, und es tut einfach nicht weh. Und es muß auch nicht geklärt werden, woher auf einmal das Krokodil kommt. Am Anfang ist Silke wahrscheinlich von einer Vorlage ausgegangen, die sie aus einem Bilderbuch oder aus dem Fernsehen kannte. Das Thema »Schwacher neckt Starken« fiel bei ihr auf fruchtbaren Boden. Sicher wünscht sie sich selbst oft so eine Situation, in der sie sich einem Stärkeren gegenüber ungestraft etwas herausnehmen kann. Und dann gestaltet sie den Fortgang so, wie sie sich ihn erträumt:

- Der Schwache ist gar nicht so schwach.
- Der Starke begegnet einem noch Stärkeren.
- Zum Schluß triumphiert der Schwache über alle beide.

*In ihren Geschichten setzen sich Kinder oft mit ihren eigenen Ängsten, Sorgen und Wünschen auseinander. Oder auch mit eigenen Bedürfnissen, die von der Umwelt moralisch verurteilt werden.*

## Ein weiteres Beispiel

Da erzählt ein Vierjähriger eine wilde Story von einem bösen »Charlie«, der überall umhergeht, Leute beleidigt und verpönte Schimpfworte benutzt. Als Charlie an einen Polizisten gerät, liefern sich die beiden zunächst eine wüste Schimpfkanonade, aber dann beschließen sie, daß der eine mit den Beleidigungen aufhört. Allerdings lassen sie sich gemeinsam ein Schlupfloch offen: »Nur Scheiße sagen ist erlaubt!«

Der Vierjährige hat hier mehrere Fliegen mit einer Klappe geschlagen. Mit »Charlie« kann er seinem Bedürfnis nach Schimpfwörtern erst mal freien Lauf lassen, mit der sozialen Übereinkunft der beiden sein Gewissen (sprich: seine Eltern) beruhigen, und dann findet er noch für künftige Konfliktfälle eine wirklich gute Lösung. Ein bißchen Schimpfen muß erlaubt bleiben.

## Warum Rollenspiele so wichtig sind

**D**ie Phantasiegeschichten und Rollenspiele unserer Kinder geben uns viel Aufschluß über ihr Seelenleben. Versuchen Sie nicht einzugreifen, indem Sie das Realitätsprinzip verteidigen oder den Moralapostel spielen.

Kinder lieben Rollenspiele. Im dritten Lebensjahr sind die Rollenspiele meist noch ganz einfacher Natur: Ohne Mühe verwandeln die Kinder sich nacheinander in einen Busschaffner, eine Krankenschwester, einen wilden Löwen. Und sie brauchen dazu auch kaum Requisiten. Dem Schaffner genügt ein Stempel, der Krankenschwester ein Bleistift als Spritze, dem Löwen sogar das markige Gebrüll. Ab dem vierten Lebensjahr werden diese Spiele immer vielgestaltiger und fantasiereicher. Zunehmend bezieht das Kind andere Personen – auch Puppen – mit ein, gibt Regieanweisungen und spricht mehrere Rollen mit verstellter Stimme.

## Rollenspiele spiegeln oft unser eigenes Verhalten

In ihren Rollenspielen imitieren Kinder das Verhalten der Dargestellten, so wie sie es erleben. Und sie begreifen dabei manches, was über den Verstand zu erklären und zu erfassen noch sehr schwierig wäre.

Manchmal wird uns Erwachsenen in den Rollenspielen unserer Kinder ein Spiegel vorgehalten. Warum spricht die »Mutter« mit ihren Puppen immer in kurzen Kommandosätzen und warum sagt sie immerzu: »Ich habe jetzt keine Zeit«? Warum setzt sie ihre Puppenkinder unentwegt auf den Topf und schimpft dann mit ihnen, weil sie doch in die Hosen gemacht haben?

## Spielerisch Ängste verarbeiten

Da weiß eine Vierjährige, daß sie demnächst für ein paar Tage ins Krankenhaus muß. Seitdem spielt sie »Ärztin und Patient«. Als fürsorgliche Ärztin behandelt sie ihre Puppenkinder zärtlich und drückt damit aus, wie sie selbst sich die Behandlung im Krankenhaus wünscht. Vielleicht wütet und drangsaliert sie aber auch als Doktor Eisenbart ihre Patienten und gibt damit ihren Ängsten Ausdruck. Wer sich in diese kindlichen Spiele hineindenken kann, findet hier Ansatzpunkte, bei der Bewältigung schwieriger Situationen zu helfen. Am besten, man spielt einfach mit. Wenn die Mutter z.B. die Rolle der Ärztin übernimmt, kann sie dem Kind spielerisch vermitteln, was man mit ihm tun wird, damit es wieder gesund wird.

**W**er Spielsituationen zu deuten versteht, kann viel von dem erfahren, was sein Kind im Innersten bewegt.

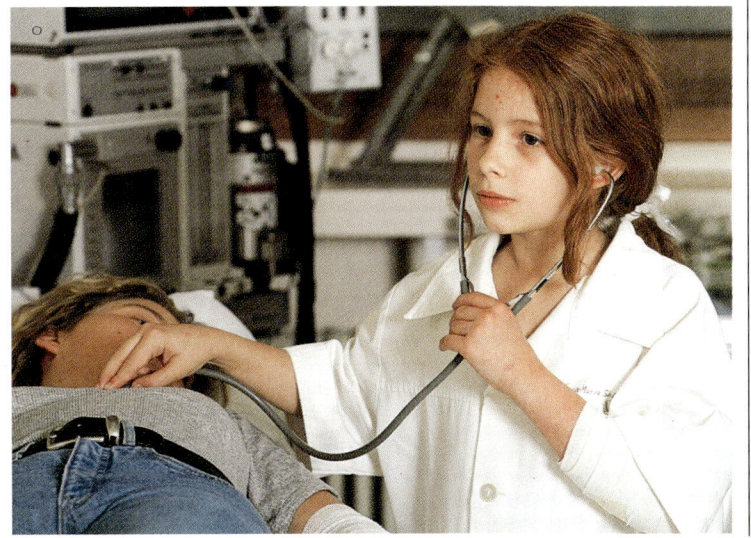

*Doktorspiele helfen Kindern, die Angst vor einem unangenehmen Arztbesuch oder einem längeren Krankenhausaufenthalt zu überwinden.*

53

# Träume müssen sein

Viele Erwachsene glauben, wenn ein Kind in die Schule kommt, müsse langsam Schluß sein mit der Spinnerei. Schließlich solle es sich jetzt mit der Realität auseinandersetzen. Aber die Phantasie hat für die menschliche Seele eine ganz wichtige Funktion. In der Phantasie ist alles möglich. Nichts ist unmöglich, nichts ist verboten. In unserer Phantasie können wir unseren Wünschen und Idealen nachspüren, sie besser kennenlernen und vielleicht dadurch Wege finden, sie zu realisieren.

Zwar müssen wir unsere Kinder lehren, sich auf die Realität zu konzentrieren, aber wir sollten im Gegenzug von

*Kinderbücher geben oft den Anstoß zu wunderbaren Märchengeschichten, in denen die Träume und Phantasien spazierengehen über alle Grenzen hinweg.*

den Kindern lernen, unsere eigenen Phantasien wichtiger zu nehmen, als wir das vielfach tun. Wir sollten unseren Kindern nicht das Träumen verbieten, nur weil die Realisierung der Träume unmöglich erscheint. Warum »spinnen« wir nicht manchmal mit unseren Kindern um die Wette, lassen unsere Träume spazierengehen über alle Grenzen des Wirklichen und Möglichen hinweg?

# Wenn Kinder lügen

Die dreijährige Anja steht betreten vor den Scherben der Porzellandose, die eben noch oben im Regal stand. Die Mutter, durch das Geräusch herbeigerufen, herrscht sie an: »Warst du das?« »Nein!« erklärt Anja sehr entschieden, »die hat der Wind runtergepustet.« Hat Anja gelogen? Ich behaupte, nein. Selbst wenn die Dose bei Anjas Versuch herunterkippte, den Inhalt zu untersuchen. Anja wollte sie nicht kaputtmachen, sie weiß auch, sie durfte nicht drangehen. Sie wünscht in diesem Moment so sehr, nicht Urheber dieses Mißgeschicks zu sein, daß sie den Wunsch für die Tatsache nimmt und auch fest überzeugt ist, es nicht gewesen zu sein. Also muß es jemand anders gewesen sein – wahrscheinlich der Wind, der ja neulich auch den Blumentopf »runtergepustet« hat.

## Was ist überhaupt »gelogen«?

Oftmals bis ins Schulalter können Kinder Vorgestelltes von Erlebtem nicht klar unterscheiden. Deshalb sind auch all die Phantasiegeschichten, die jüngere Kinder erzählen – vom Indianer, den sie gesehen haben, oder von dem ausgedachten Spielfreund, mit dem sie den Nachmittag verbracht haben – keine Lügen. Von Lügen sollten wir erst sprechen, wenn jemand bewußt die Unwahrheit sagt, um dadurch einen Vorteil zu haben.

Selbst wenn wir Anja nicht ihr Alter zugute halten und ihr unterstellen, sie habe tatsächlich gelogen aus Angst vor der Strafe – wäre nicht gerade dann besonderes Verständnis erforderlich? Und außerdem: Lügen Sie wirklich nie, wenn Sie als Autofahrer von der Polizei eines Verkehrsvergehens beschuldigt werden?

## Von Lügen und Notlügen

Nehmen wir Petras Mutter zum Beispiel: Sie bescheinigt ihrer Tochter, daß sie am Freitag nicht zur Schule kommen konnte, weil sie Halsschmerzen hatte. Dabei wollte die Familie ein verlängertes Wochenende für eine kurze Reise nutzen. Hat Petras Mutter gelogen? Ja, sie hat! »Was wollen Sie« – mag da einer antworten – »das sind doch Notlügen! Manchmal kann man eben nicht anders.« Und wie steht es mit der Not unserer lügenden Kinder?

Da ist in der Schule eine Arbeit geschrieben worden. Jan hat eine Sechs bekommen. Er wagt sie zu Hause nicht vorzuzeigen, weil die Eltern sich immer so schrecklich aufregen. Er behauptet, die Arbeit sei noch nicht zurückgegeben worden. In der Schule muß er dann den Lehrer belügen, der eine Unterschrift der Eltern sehen will. So zieht oft wie in einer Kettenreaktion eine Lüge die andere nach sich, und die Not des Kindes wird immer größer. Hätte er doch von Anfang an offen mit seinen Eltern reden können! Dann wäre er nicht in diesen Teufelskreis geraten, der ständig neue Ängste und neue Lügen hervorbringt.

**Unser Erwachsenendasein ist so voller großer und kleiner Lügen, daß es uns schlecht ansteht, jede Kinderlüge zu einem großen moralischen Problem zu machen.**

### Lügen müssen nicht sein

● Schaffen Sie eine Atmosphäre, in der Ehrlichkeit und Offenheit viele Vorteile, aber keine Nachteile haben.

● Kinder müssen zu einem Fehler stehen können, ohne daß sie das Gesicht verlieren.

● Verbieten Sie nicht über den Kopf der Kinder hinweg, sondern stellen Sie die Grenzen gemeinsam auf.

## Dürfen Kinder nicht auch einmal schweigen?

Trotz unserer Bemühungen und unseres guten Vorbildes mag freilich der Anspruch auf eine ehrliche Antwort ein Kind manchmal in einen schier unlösbaren Konflikt stürzen. Es möchte nicht lügen. Es möchte aber auch auf keinen Fall die Frage der Eltern ehrlich beantworten. Vor Gericht darf man in solchen Fällen manchmal die Aussage verweigern. Wäre das nicht auch in der Erziehung eine Möglichkeit? Wie viele Lügen blieben wohl unausgesprochen, wenn wir ein »Darüber möchte ich jetzt nicht reden« akzeptieren würden? Nur auf diese Weise können wir ein Klima schaffen, in dem Ehrlichkeit keine moralische Forderung ist, sondern ein Bedürfnis, verwoben mit den Bedürfnissen nach Zuwendung, Wärme, Vertrauen und Achtung, die ohne gegenseitige Wahrhaftigkeit nicht recht gedeihen können.

**Kinder, denen nur selten etwas verboten wird, sind eher geneigt, sich an einzelne, einleuchtend begründete Verbote auch zu halten. Fühlen sie sich dagegen von Verboten umstellt, greifen sie eher zu Ausflüchten und Lügen.**

## Ehrlich währt am längsten

Es wird sich allerdings nicht vermeiden lassen, daß unsere Kinder spätestens in der Schule erleben, daß Unehrlichkeit Vorteile, Ehrlichkeit aber erhebliche Nachteile haben kann, dann nämlich, wenn sie im Diktat voneinander abschreiben oder sonstwie mogeln. Sollen wir auch in solchen Fällen auf dem strikten »Du sollst nicht« bestehen? Ehrlicher sind wir, wenn wir dies gleichsetzen mit den Fällen, in denen wir selbst unehrlich sind, und wenn wir an solchen aktuellen Beispielen immer wieder besprechen:

- War das ehrlich?
- Warum habe ich gelogen?
- Habe ich damit jemanden enttäuscht, der mir vertraut hatte?
- Hat mein Versuch, mir einen Vorteil zu erschwindeln, einem anderen geschadet?

Verbote schützen Kinder nur, solange ihre Einhaltung auch kontrolliert werden kann. Viel wichtiger ist es, daß Kinder eine eigene, innere Kontrollinstanz entwickeln, die nein sagt, wenn etwas zu weit geht.

## Vertrauen statt Verbote

● Schaffen Sie Ihrem Kind Gelegenheiten zum Zündeln, bringen Sie ihm dabei die nötigen Sicherheitsvorkehrungen bei und die Techniken fürs Löschen. Es ist dann weniger in Versuchung, heimlich zu zündeln. Und wenn doch, wird es eher damit umgehen können oder Hilfe holen. Kinder, denen das streng verboten ist, die Angst vor Strafe haben, geraten leichter in Panik und rennen weg. Der Schaden, man liest das gelegentlich, kann immens sein.

● Verbieten Sie auch nicht den Kontakt mit dem etwas fragwürdigen Spielkameraden – lassen Sie ihn ins Haus kommen. Da lernen Sie ihn besser kennen und vielleicht sogar schätzen. Oder Sie können Ihrem Kind konkreter begründen, was Sie an diesem Jungen auszusetzen haben.

● Verbieten Sie nicht die Teilnahme an bestimmten Spielen, sonst belügt Sie Ihr Kind womöglich und geht heimlich hin. Und dann haben Sie gar keinen Einfluß mehr. Wenn Sie nicht mit Verboten und Strafen reagieren, wird Ihr Kind Ihnen (zumindest gelegentlich) von solchen »Dummheiten« erzählen, und Sie können die Grenzen gemeinsam ausloten.

● Zeigen Sie Ihrem Kind, daß Sie seiner eigenen Urteilskraft vertrauen. Es fühlt sich dann nicht von Ihren Verboten gegängelt, sondern von Ihrem Vertrauen begleitet. Und das ist wirksamer. Freilich wird Ihr Kind die Grenzen nicht immer genau da setzen, wo Sie das möchten.

## Einsicht ist wichtiger als ein Verbot

Müssen wir überhaupt so viel verbieten? Es ist doch schon fast alles verboten – das Spielen im Treppenhaus, das Betreten des Rasens, das Rollerskating im Park. Kaum noch eine Stelle, wo Kinder machen können, was sie wollen, ohne ständige Kontrolle durch Erwachsene. Wie sollen sie da selbst Verhaltensmaßstäbe entwickeln, wenn alles bereits reglementiert ist? Regeln, die man so einfach aufgedrückt kriegt, die wecken selten Einsicht, eher Widerstand.

Aber müssen wir nicht bestimmte Spiele verbieten, weil sie zu gefährlich sind? Das Spiel mit dem Feuer zum Beispiel. Ich kenne kein Kind, das nicht gerne kokelt. Die geahnte Macht des Feuers, das man beherrschen kann, das aber auch außer Kontrolle geraten kann, das muß wohl das Faszinierende daran sein. Und wie lernt man, es zu beherrschen? Nur durch Üben!

*Wo* alles durch Vorschriften und Verbote reglementiert ist, können Kinder kaum eigene Verhaltensmaßstäbe finden.

*Kinder brauchen Platz zum Spielen, Orte, an denen nicht schon wieder alles verboten ist, sondern wo man mal ganz ungestört träumen kann.*

59

*Für Kinder ist es nicht leicht, ihre materiellen Wünsche zurückzuschrauben, wo sie doch tagtäglich mit massiver Werbung konfrontiert sind.*

Auch wir Erwachsene müssen immer wieder die Erfahrung machen, daß viel mehr angeboten wird, als wir brauchen oder finanziell verkraften können. Auch uns fällt es oft schwer, uns zu bescheiden.

# Kinder und Konsum

## Kleine Kinder – große Wünsche

Kaum ein anderer Spruch ist bei Kindern so beliebt und so bekannt wie dieser: »Alle anderen haben das – nur ich nicht!« Wenn unsere Kinder recht haben, bekommen alle anderen mehr Taschengeld als sie, tragen alle das tolle Sweatshirt, das zu kaufen wir uns gerade sträuben, haben alle ein bestimmtes Fahrrad, ganz spezielle Schuhe und natürlich Rollerskates. Wir aber möchten uns nicht gern von einer anonymen Mehrheit vorschreiben lassen, was wir für richtig halten, und wir möchten auch nicht, daß unser Kind auf jede Mode hereinfällt. Aber stellen wir uns denn auch einmal die Frage, wie wir es selbst halten?

### Sind wir ein Vorbild in Sachen Konsum?

● Fallen wir nicht auch auf manche Reklame herein?

● Wie viele elektrische Geräte z.B. haben Sie sich schon aufschwatzen lassen, nur um nachher festzustellen, daß Sie eigentlich auch recht gut ohne sie ausgekommen wären?

● Wie oft kaufen Sie, ohne groß nachzudenken, den bekannten Namen, ohne Produkt und Preis kritisch zu prüfen?

● Wie oft reizt Sie die Tatsache, daß Bekannte etwas Neues erworben haben, dazu, es auch zu kaufen?

## Besitz stärkt das kindliche Selbstwertgefühl

Ich glaube, es ist wichtig, daß wir mit der Erziehung zum maßvollen Konsumenten bei uns anfangen und unsere Kinder dann auch an unseren Überlegungen teilhaben lassen. Dabei sollten wir allerdings bedenken, daß das angesichts der massiven Reklame ein langsamer Prozeß sein wird, bei dem wir an unsere Kinder nicht so strenge Anforderungen stellen dürfen wie an uns selbst. Denn sie sind in ihrem Selbstwertgefühl noch viel stärker von Äußerlichkeiten abhängig als wir.

● Das anzuhaben, was alle anhaben, das zu besitzen, womit auch die anderen spielen, das bedeutet dazuzugehören, anerkannt zu sein.
● Und nur wer von anderen anerkannt ist, kann von sich selbst überzeugt sein.

Nach dem Motto zu leben: Was scheren mich die anderen, ich tu, was ich für richtig halte! – das können nur Erwachsene – und auch die nicht immer.

## Einsehen ist wichtig

Unsere Kinder müssen bestimmte Erfahrungen selbst machen, bevor sie etwas einsehen. Erst wenn ich ihnen beweisen kann, daß ein bestimmtes Spielzeug, das erst so ungeheuer wichtig war, seit Monaten vernachlässigt in der Ecke liegt, weil inzwischen längst eine neue Mode ausgebrochen ist, werden sie es mir glauben, daß der Kauf tatsächlich unnötig war. Ich weiß allerdings, daß das Regulieren kindlicher Wünsche mit Ge- und Verboten zunächst viel einfacher ist, als das endlose Debattieren, Erklären, Verhandeln um jede neue Einzelheit, doch wenn wir unsere Kinder zum mündigen Verbraucher erziehen wollen, bleibt uns das wohl nicht erspart.

Was man zunächst dringend haben möchte, ist rasch ein alter Hut. Wenn das begehrte Teil erst mal im Kinderzimmer steht, verliert es oft schnell seinen Glanz. Dann muß wieder etwas Neues her, weil die anderen Kinder das auch schon besitzen.

## Der Weg zum kritischen Konsumenten

Gestehen Sie sich ruhig zu, auch mal einen Wunsch Ihres Kindes mit dem Hinweis abzulehnen, daß in der Familie der Freundin zwei Elternteile gut verdienen und keine Geschwister da sind, während vielleicht bei Ihnen nur ein Elternteil mit einem nicht gerade üppigen Einkommen eine große Familie ernährt. Dann begreift Ihr Kind auch eher, daß durchaus kein böser Wille, sondern ganz einfach äußere Umstände Grund für Ihre geforderte Zurückhaltung sind.

Leichter wird es teilweise auch, wenn Sie sich mit anderen Eltern absprechen und zusammenhalten.

● Wenn zur Klassenfahrt alle das gleiche Taschengeld bekommen, zieht das »alle anderen…« nicht mehr.
● Wenn nicht eines, sondern vier Kinder ihre namenlosen, aber preiswerten Turnschuhe tragen, tragen sie sie vielleicht mit Stolz, weil sie nicht so dumm sind, auf jede Reklame hereinzufallen.

Allerdings verlangt auch dies wieder, daß Eltern mit der Erziehung bei sich selbst beginnen. Solange wir meinen, uns gegenseitig Konkurrenz machen zu müssen, werden wir nicht zusammenhalten können. Und so lange werden wir auch, genau wie unsere Kinder, anfällig bleiben für Moden und für geschickte Reklame.

## Erst warten – dann kaufen

Machen Sie es sich doch – gemeinsam mit Ihren Kindern – zur Regel, bei allen eigenen Konsumwünschen erst einmal abzuwarten und zu prüfen, ob das neuartige Produkt für Sie wirklich so nutzbringend und zweckmäßig ist, wie es die Reklame verspricht. Oft legt sich die anfängliche Begeisterung nach einigen Tagen ganz von selbst.

**Haben Sie Hemmungen, vor anderen zuzugeben, daß Ihnen die allgemein beliebte Schulmappe einfach zu teuer ist? Leidet Ihr Selbstbewußtsein, wenn andere vielleicht annehmen, daß Sie sich bestimmte Dinge nicht leisten können?**

# Kinder im Einkaufsparadies

Mir tun sie immer von Herzen leid, die jungen Mütter, die mit einem oder gar mit mehreren Kindern im Supermarkt oder im Warenhaus versuchen, ihre Einkäufe zu erledigen. Entweder, sie ringen mit einem protestierenden Bündel, das aus der Umklammerung des Einkaufswagens zu fliehen versucht, oder sie sind ständig hinter ihm her – suchen, mahnen, schelten.

Die Organisatoren in den Supermärkten geben sich die größte Mühe, gerade das, was Kinderherzen erfreut, so aufzubauen, daß es von Kindern gut gesehen und bequem erreicht werden kann. Die Folge: Ungefragt schleppen sie an, was ihrer Meinung nach unbedingt noch gekauft werden sollte – Gummibärchen, Schmatzriegel und Schokoladeneier. Was tun?

Mit dem Kind einkaufen zu gehen, kann nervend sein, wenn allzu Verlockendes in den Regalen liegt.

*Bleibt die Mutter konsequent bei ihrem Nein, wird das Kind es schließlich begreifen, daß es zwecklos ist, in jedem Laden um Süßigkeiten und Cola zu betteln.*

63

Kinder sind nicht verantwortlich, wenn sie kaufen wollen, was sie sehen. Nun haben Sie von dieser Einsicht nicht allzuviel. Sie sind es, die das Kind davon überzeugen muß, daß es das Ausgesuchte wieder ins Regal zurückbringen soll. Sie sind es, die das Kind zwischen all den Regalen voller Verlockungen zum Verzicht verdammen müssen. Lassen Sie sich dabei nicht verrückt machen.

## So schonen Sie beim Einkauf Ihre Nerven

Gerade vor der Kasse, wo die Kinder von Haus aus gerne unruhig werden, sind jede Menge Süßigkeiten gestapelt. Da ist die Verlockung groß, um des lieben Friedens willen den Wünschen der Kinder einfach nachzugeben.

● Es muß Ihnen nicht peinlich sein, wenn es im Supermarkt Streit und Gezeter oder gar mal Scherben durch zu ausladende Bewegungen Ihres Kindes gibt. Nicht Sie haben diese äußeren Bedingungen, die Ihre erzieherischen Bemühungen massiv behindern, zu verantworten!

● Die meisten Erwachsenen, die Sie beobachten, werden Sie wahrscheinlich eher bedauern als kritisieren. Sie wären in der gleichen Situation auch nicht klüger. Sagen Sie Ihrem Kind also mit Bestimmtheit, daß es seine Schätze – bitte schön – sofort zurücktragen soll. Auch wenn die Leute gucken.

● Kritisch wird es oft, wenn Mutter oder Vater am Wurststand anstehen muß. Das ist dann besonders langweilig. Lassen Sie Ihre Kinder derweil doch einfach kleine Aufträge ausführen. »Mama, diesen Joghurt?« – »Nein, den mit dem roten Deckel.«

● Beim Einkaufen trifft man oft interessante Leute. Erwachsene geraten dann ins Schwatzen, Kinder ins Spielen. Ist es wirklich so schlimm, wenn sie zwischen den Regalen Verstecken spielen oder herumalbern?

## Spielen statt Stillhalten

Auch im Warenhaus können Kinder, wenn sie nicht mehr gar so klein sind, während Sie Hosen anprobieren, ruhig ein bißchen auf der Etage auf Entdeckungsreise gehen. Es entsteht doch kein Schaden, wenn sie ein bißchen unter den Kleiderständern herumturnen, sofern sie nicht gerade Schokoladenfinger haben.

Wenn Sie es Ihrem Kind schon zutrauen, können Sie es auch in der Spielzeugabteilung zurücklassen und es später dort wieder abholen. Allerdings haben Sie dann wahrscheinlich wieder die Last mit 125 Wünschen, die während der Wartezeit geweckt worden sind!

## Vorsichtsmaßnahmen treffen

Kinder müssen nicht brav an der Hand bleiben, während Erwachsene wühlen oder auch ins Schwatzen geraten. Gönnen Sie Ihren Kindern ruhig ein wenig freien Lauf. Allerdings halte ich es für wichtig, sie durch striktes Verbot von den Rolltreppen fernzuhalten – erstens weil es da zu Unfällen kommen kann, zweitens weil es sehr mühsam ist, die Kindersuche auf mehrere Etagen ausdehnen zu müssen.

Üben Sie auch auf jeden Fall mit Ihrem Kind, eine Verkäuferin anzusprechen und sich ausrufen zu lassen für den Fall, daß es mit Ihren Absprachen mal nicht geklappt hat. Sie kennen das ja: »Die kleine Sonja wartet in der Kurzwarenabteilung auf ihre Mutti.«

Am sichersten und am wenigsten belastend ist es natürlich, wenn man die Kinder in einer Spielstube abgeben kann, wo sie während der Einkaufszeit der Eltern betreut werden. Aber nicht oft besteht diese Möglichkeit, und nicht jedes Kind ist mit dieser Lösung einverstanden, gerade die Kleineren bleiben oft lieber im elterlichen Dunstkreis.

Während Erwachsene im Kaufhaus nach Herzenslust wühlen und wählen, sollen Kinder stillhalten. Warum dürfen sie denn nicht selbst auf Entdeckungsreise gehen oder zwischen den Kleiderständern Verstecken spielen?

65

**D**ie richtige Bemessung des Taschengeldes gehört wohl für alle Eltern zu den schwierigsten Erziehungsaufgaben.

# Den Umgang mit Geld lernen

Daß Kinder Taschengeld bekommen sollten, finden die meisten Eltern heute selbstverständlich. Und das ist auch richtig. Die Frage ist oft nur, ab wann und wieviel. Als grober Richtwert: ab dem Schulalter etwa halte ich Taschengeld für sinnvoll. In bestimmten Fällen, besonders, wenn ältere Geschwister da sind, kann ein früherer Zeitpunkt angebracht sein.

## Wieviel Taschengeld ist angemessen?

Bezüglich der Höhe des Taschengeldes kann man schlecht pauschal Regeln aufstellen, da muß wohl jede Familie ihre eigenen Maßstäbe finden. Wenn unsere Kinder recht

*Wenn sich die Eltern absprechen, und alle in der Clique etwa das gleiche Taschengeld bekommen, fällt es leichter, mit der Höhe der Summe zufrieden zu sein.*

## Warum Taschengeld so wichtig ist

- Kinder müssen früh lernen, selbständig mit Geld umzugehen und seinen Wert einzuschätzen.

- Kinder müssen lernen, ihr Geld sinnvoll einzuteilen.

- Kinder müssen lernen, daß die Erfüllung eines größeren Wunsches den Verzicht auf einige kleinere voraussetzt.

- Kinder sollen mit ihrem Taschengeld die Möglichkeit haben, sich gelegentlich Wünsche zu erfüllen, für die sie bei den Eltern kein Gehör finden, sollen damit ein Stück Autonomie erlangen.

haben, bekommen alle anderen mehr Taschengeld als sie. Doch gerade in der Taschengeldfrage lohnt es sich wirklich, genauer zu fragen, was dieser und jener bekommt, vor allem, was jeder von seinem Taschengeld kaufen muß. So manche große Summe schmilzt zusammen, wenn man hört, daß davon Monatskarte und Schulhefte zu kaufen sind.

Es wird schwer sein, ein Kind aus pädagogischen Gründen knappzuhalten, wenn die Eltern bei der Erfüllung eigener Wünsche großzügig sind. Wer dagegen selbst scharf kalkulieren muß, kann das leichter auch seinem Kind nahebringen. Andererseits möchten wir natürlich nicht schon die Kinder in »arme« und »reiche« unterteilen – deshalb empfiehlt sich ein bißchen auch die Orientierung an dem, was üblich ist – üblich unter Bekannten, denen man pädagogischen Verstand zutraut, denn nicht alles, was bei anderen üblich ist, ist auch im Interesse des eigenen Kindes vernünftig.

Aber um doch einen gewissen Anhaltspunkt zu geben: An frei verfügbarem Geld sollte ein etwa sechsjähriges Kind vielleicht ein bis zwei DM in der Woche bekommen, ein zehnjähriges fünf bis sechs DM.

Wie schnell fühlen Kinder sich benachteiligt, wenn sie sich nicht das leisten können, was all die anderen haben. Aber auch den Eltern sind Grenzen gesetzt.

## Taschengeld für zweckgebundene Ausgaben?

Wichtig, vor allen Dingen für Ältere, ist auch die Frage, was denn von diesem Taschengeld bestritten werden soll. Ist es nur für die Erfüllung eigener Wünsche da, oder muß auch das Futter fürs Meerschweinchen, der Klebstoff für die Modellautos, das Geburtstagsgeschenk für die Freundin davon bestritten werden? Es ist durchaus sinnvoll, älteren Kindern auch solche zweckgebundenen Ausgaben zu überlassen, damit sie das Geld verantwortungsvoll einzuteilen lernen. Aber dann muß es natürlich entsprechend höher bemessen sein – wie hoch, das müßten Sie in ein paar »Testwochen« selbst feststellen.

## Gleiches Taschengeld für Geschwister?

Unter Geschwistern herrscht oft Unzufriedenheit, wenn Jüngere weniger bekommen als Ältere. Bei großem Altersunterschied finde ich eine Abstufung sinnvoll, denn da sind auch die Bedürfnisse und die Fähigkeiten zur Einteilung unterschiedlich. Geschwister mit geringem Altersunterschied würde ich das gleiche geben, um die meist ohnehin vorhandenen Konkurrenzgefühle nicht zusätzlich zu nähren.

## Was darf vom Taschengeld gekauft werden?

Hier sollte die eiserne Regel gelten: Das Taschengeld – oder zumindest ein bestimmter Sockelbetrag davon – steht völlig zur freien Verfügung des Kindes. Dem Kind Vorschriften zu machen oder es zum Sparen anzuhalten, wenn es das nicht selbst will, widerspricht letztendlich dem Sinn des Taschengeldes – dem eigenständigen Umgang mit Geld. Das heißt freilich nicht, daß sie jede Entscheidung des Kindes kommentarlos hinnehmen müssen. Wenn es sein Geld in Panzer und Pistolen investiert, soll-

**Wenn Sie überlegt auswählen, was gekauft werden soll und wofür das Geld zu schade ist, wird auch Ihr Kind es lernen, in Sachen Konsum Grenzen anzuerkennen und einzuhalten.**

ten Sie ihm durchaus klarmachen, wie scheußlich Sie das finden. Ob Sie es trotzdem gewähren lassen, wenn es dabei bleibt, ist eine Gewissensfrage.

## Taschengeldentzug ist eine autoritäre Strafe!

Wenn Taschengeld zur freien Verfügung stehen soll, darf es auch nicht abhängig sein vom elterlichen Wohlwollen oder vom Wohlverhalten des Kindes. Taschengeld soll keine Belohnung sein für gute Leistungen in der Schule oder für ein aufgeräumtes Kinderzimmer. Es darf bei »schlechtem Betragen« nicht einfach gekürzt oder gar gestrichen werden. Taschengeldentzug ist eine Strafe, die vielleicht gefügig macht, bestimmt aber auch wütend auf die Eltern, die ihre Macht ausspielen. Was würden Sie sagen, wenn Ihnen Ihr Chef für eine vorlaute Bemerkung fünfzig Mark vom Gehalt abziehen würde?

Die Gewährung oder der Entzug von Taschengeld dürfen niemals als Instrument zur Belohnung oder gar zur Bestrafung eingesetzt werden.

# Waffen im Kinderzimmer

## Eltern reagieren allergisch

Wir hätten unsere Kinder gern friedfertig und hilfsbereit. Sie sollen auch lieber aufbauen, konstruieren, herstellen, statt angreifen und zerstören. Deshalb sind die meisten Eltern inzwischen ziemlich allergisch geworden gegen das Unmaß an Waffen, das angeblich den Frieden schützt, in Wirklichkeit aber eine tödliche Bedrohung für alle darstellt. Kinder, die ihre Spielwelt mit faszinierenden Wunderwaffen ausstatten, die keinen Fasching vorbeigehen lassen, ohne in Scharen als ballernde Cowboys aufzutreten, sind für unseren ehrlichen Wunsch, etwas zu mehr Friedfertigkeit auf der Welt beizutragen, eine arge Herausforderung.

Wenn die erste Pistole oder der erste Spielzeugpanzer im Kinderzimmer auftaucht, sind Eltern oft ratlos. Wie sollen sie damit umgehen?

69

Auch der Besitz von Spielzeugwaffen kann bei Kindern ein Gefühl der Macht über andere erzeugen.

## Was fasziniert Kinder an Waffen?

Kinder erleben sich oft als machtlos. Sie sind klein, schwach, dem Imponiergehabe Älterer oder den Entscheidungen Erwachsener wehrlos ausgeliefert. Sich mit Kopf oder Fäusten durchzusetzen, erscheint aussichtslos. Aber mit einer Pistole kann auch ein Kleiner einen Großen einfach umpusten. In einer Kultur, die insbesondere von Jungen nach wie vor erwartet, daß sie anderen überlegen, daß sie »ganze Kerle« werden, bietet die Waffe der kindlichen Phantasie genau diese Möglichkeit. Und erfunden haben ja die Kinder diese Waffen nicht – sie haben sich von den Erwachsenen abgeguckt, was die an

*Nur weil Ihr Kind gerne Cowboy und Indianer spielt und dem Nachbarjungen im Eifer des Gefechts schon mal eine Schramme zugefügt hat, heißt das noch lange nicht, daß aus ihm kein friedvoller Erwachsener werden kann.*

Mitteln, sich Macht zu verschaffen und durchzusetzen, so zu bieten haben. Sie brauchen dazu nur abends ein paarmal die Tagesschau anzusehen, in einem Manövergebiet durch die Straßen zu gehen oder bei lautem Getöse in den Himmel zu sehen.

## Verbieten oder tolerieren?

»Dieses Zeug kommt mir gar nicht erst in die Wohnung«, höre ich oft Eltern kleinerer Kinder sagen. Was aber, wenn sie größer werden und sich Gewehr oder Schwert vom Taschengeld kaufen? Über Taschengeld darf ein Kind doch völlig frei verfügen – oder?
Ich habe Achtung vor Eltern, die ein striktes Waffenverbot im Kinderzimmer strikt einzuhalten trachten, halte selbst aber nicht viel davon. Ich erinnere mich da an die kleine Tochter eines Pfarrers, die auf dem Spielplatz begierig die Pistolen ihrer Spielkameraden probierte, weil sie so was zu Hause nicht haben durfte. Ich erinnere mich auch recht gut an das Versteck hinten im Nachbarsgarten, wo die Kinder ihre Panzer und Soldaten verbuddelten, die das Zeug nicht nach Hause bringen durften. Was habe ich davon, wenn mein Kind seine Vorliebe für Kriegsspielzeug vor mir verbirgt? Wenn ich nicht erfahre, was es tut, nehme ich mir die Möglichkeit, mich mit ihm darüber auseinanderzusetzen.

## Waffen machen aggressiv

Das Spielen mit Waffen, so wird oft behauptet, diene dem ungefährlichen Aggressionsabbau. Lieber den Spielkameraden symbolisch erschießen, als ihm wirklich eine runterzuhauen. Aber wissenschaftliche Untersuchungen stützen diese Theorie der Abreaktion nicht. Sie beweisen vielmehr, daß das Spiel von Kindern aggressiver wird, sobald Waffen als Spielangebot vorhanden sind.

**Wir** können uns zwar weigern, Spielzeugwaffen zu kaufen oder zu reparieren. Verhindern, daß Kinder sie besitzen, können wir auf Dauer aber nicht, denn die Faszination dieser machtverleihenden Attribute ist auch durch die überzeugendste Erziehung zunächst nicht aufzuheben.

## Aus Spiel wird leicht Ernst

Es muß zwar auch gesagt werden, daß die meisten jüngeren Kinder, wenn sie miteinander Krieg spielen, wirkliche Aggression, wirkliche Grausamkeit gar nicht meinen. Und wenn da im Eifer des Gefechts der zum Gewehr umfunktionierte Stock im Gesicht des »Gegners« eine blutende Schramme hinterlassen hat, dann ist der Schreck auf beiden Seiten meist groß. Trotzdem befürchte ich, daß die Hemmschwelle für den ernsthaften Einsatz von Waffen durch den spielerischen Umgang mit ihnen herabgesetzt wird. Hier müssen wir mit unserer Überzeugungsarbeit, auch mit unserem Beispiel ansetzen.

*Mit einer Waffe kann ein Schwacher einen Starken zum Zittern bringen, kann ein Kleiner einen Großen einfach umpusten, das sehen unsere Kinder doch tagtäglich im Fernsehen.*

# Faszination Fernsehen

## Ist Fernsehen schädlich?

Kinder und Fernsehen, ein oft diskutiertes Thema. Es heißt, Fernsehen sei schädlich für Kinder. Kinder sollten so wenig wie möglich fernsehen – aber warum eigentlich? Ich möchte das, was Kindern vor dem Fernsehschirm widerfährt, selbst wenn sie spezielle Kindersendungen ansehen, einmal genauer beschreiben, damit es Eltern leichter fällt, selbst zu entscheiden, ob, wann und wie lange sie ihre Kinder vor dem Fernseher sitzen lassen wollen.

● Das Kind vor dem Fernseher erfährt ein Leben aus zweiter Hand.
Es spielt nicht selbst, es läßt spielen. Es löst nicht selbst soziale Konflikte, es sieht zu, wie andere das tun. Es bekommt Themen vorgesetzt, die es nicht selbst ausgesucht hat, Fragen beantwortet, die es nicht selbst gestellt hat. Das heißt, es ist nicht aktiv und neugierig auf diese Dinge gestoßen, es ist darauf gestoßen worden. Geschieht das immer wieder, gewöhnt es sich daran: fragt, sucht, spielt, probiert nicht mehr selbständig, sondern wartet ab, was man ihm denn so zu bieten hat.

● Auch in seinen Gefühlen wird das fernsehende Kind »ferngesteuert«.
Es lacht, wenn etwas Lustiges über die Scheibe flimmert, erschrickt, wenn etwas Bedrohliches passiert, wird traurig, wenn die Geschichte eine böse Wendung nimmt. Wie lange es lacht, wann es erschrickt oder traurig wird, hängt nicht von ihm und seiner sozialen Umgebung ab, sondern von der Sendung, die es sieht. Kann man unter diesen Bedingungen lernen, mit seinen eigenen Gefühlen umzugehen?

Fernsehen hemmt die Spielaktivitäten der Kinder. Schließlich ist es viel bequemer, sich unterhalten zu lassen, als selbst was auf die Beine zu stellen.

Auch die Gefühlswelt der Kinder kann durch allzu häufiges Fernsehen verarmen. Was »gut« oder »böse« ist, erfährt es über das Medium und weniger aus seinem sozialen Umfeld.

73

Oft sind die Kinder dem Tempo und der Dramatik des Gesehenen nicht gewachsen. Sie können das Geschehen auf dem Bildschirm nicht einordnen und verarbeiten.

Das Programm gibt das Tempo vor, mit dem das Kind von einem Thema zum anderen fortzuschreiten hat. Das Kind bestimmt nicht selbst, wie lange es bei einer Sache verweilt, es kann nicht anhalten, nicht nachdenken, nicht wiederholen. Je jünger ein Kind ist, desto größere Probleme hat es mit diesem vorgegebenen Tempo. Kinder unter vier Jahren brauchen besonders viel Zeit, um selbst bekannte Gegenstände auf Bildern wiederzuerkennen. Sie hinken deswegen beim Zuschauen geistig ständig hinterher. Sie sind in Gedanken noch beim ersten Bild, da läuft schon das zweite; dadurch entgeht ihnen der Sinn des zweiten, und sie können das dritte überhaupt nicht mehr verstehen. So verknäult sich das Gesehene oft zu einem Wust nicht ganz erfaßter Bilder. Da das Ganze aber oft von dramatischer Musik oder lauten Geräuschen begleitet wird, die unmittelbar auf das Gefühl wirken, aber keinem bestimmten Ereignis mehr fest zugeordnet werden können, werden kleine Kinder oft diffus geängstigt oder nervlich überreizt. Nun helfen sich viele Kinder aus diesem Dilemma, indem sie einfach gei-

*Sehen Sie sich die Kindersendungen doch wenn möglich gemeinsam an, dann kann im Nachhinein geklärt werden, was die Kinder nicht verstanden haben.*

stig »aussteigen«, das Ganze weiterlaufen lassen, ohne das Bemühen, wirklich zu folgen. Das schützt sie zwar vor Überreizung, führt aber zu einer Haltung, die mindestens in der Schule zu Schwierigkeiten führen wird.

## Fernsehen zwingt zum Stillhalten

Oft stellen Eltern fest, daß ihre Kinder vor dem Fernsehschirm an den Nägeln kauen, an irgend etwas herumzupfen, vielleicht auch ständig etwas essen oder trinken müssen. Kindern unter etwa zehn Jahren entspricht langes Stillsitzen überhaupt nicht. Sie sollen und müssen sich bewegen und sich aktiv mit der Umwelt auseinandersetzen. Vor dem Fernseher haben sie diese Möglichkeit nicht. Die Kinder müssen passiv bleiben. Die Dramatik des Geschehens weckt oft heftige Gefühle in ihnen, ihr Hormonhaushalt reagiert, als müßten sie kämpfen oder fliehen, aber sie müssen statt dessen still sitzen bleiben. Wo sollen sie da mit ihrem Bedürfnis nach Aktivität hin? Wenn sie aufgeregt zu reden anfangen, werden sie womöglich von anderen ausgeschimpft, die ungestört zusehen wollen. Dabei wäre dies wenigstens eine Möglichkeit, das Vorgeführte leichter zu verarbeiten, einen kritischen Abstand zu gewinnen.

## Interessante Alternativen anbieten

Aber warum, mögen Sie fragen, sind Kinder denn so scharf aufs Fernsehen, wenn es ihnen so wenig bekommt? Kennen sie vielleicht nicht genug andere Möglichkeiten? Oder haben sie erfahren, daß Vorlesen oder Erzählen viel gemütlicher ist, weil man da anhalten, nachfragen, zurückblättern oder gar die Geschichte selbsttätig verändern kann? Die beste Methode, ein Kind vom Fernsehen abzuhalten, ist immer noch die, ihm etwas Attraktiveres anzubieten.

Versuchen Sie sich einmal vorzustellen, Ihnen spielte man einen Film, dessen Inhalt sie unbedingt erfassen wollen, viel zu schnell vor. Meinen Sie nicht auch, daß Sie bald völlig überreizt wären?

*Spielen heißt, die Welt mit kindlichen Möglichkeiten begreifen.*

# Ärger mit Spielregeln

Sie kennen die Situation sicher auch: Da setzen sich Eltern und Kinder zu einem Gesellschaftsspiel zusammen, aber sobald es ans Verlieren geht, gibt es Streit, will einer nicht mehr mitspielen. Was als Spaß für alle gedacht war, endet im allgemeinen Chaos.

- Was kann man tun, um Tränen zu vermeiden?
- Soll man den Spielverderber strafen?
- Ist es ratsam, das Kind gewinnen zu lassen?
- Soll man bestimmte Spiele von vornherein meiden?
- Ab wann kann man von einem Kind erwarten, daß es das Verlieren gelernt hat?

## Wer verliert schon gerne?

### Eine Frage des Alters

Sich objektiven Spielregeln unterwerfen zu können und dabei von den eigenen Wünschen abzusehen, ist zunächst mal eine Sache der geistigen Reife. Ein Kind, das nicht mindestens vier oder fünf Jahre alt ist, wird dazu kaum in der Lage sein. Das jüngere Kind sieht die ganze Welt aus seiner Perspektive. Es glaubt, daß die Sonne scheint, damit es darin spazierengehen kann, daß Blumen wachsen, damit die Menschen sich darüber freuen können. Es ist aber auch nicht in der Lage, sich in andere Menschen hineinzuversetzen, und erlebt auch einfache Spiele, wie Verstecken, Ringelreihen, Häslein in der Grube, ganz aus seiner ichbezogenen Perspektive. Die Regeln werden zwar

Wenn Kinder spielen, sind sie oft mit ihrem ganzen Ehrgeiz bei der Sache. Ist es nicht verständlich, daß sie in Tränen ausbrechen oder in Wut geraten, wenn alle Bemühungen zu gewinnen nichts genützt haben.

zunächst mit einer absoluten Verständlichkeit akzeptiert, dennoch kann es häufig vorkommen, daß ein Kind sich nicht an die Regeln hält, einfach aus der Reihe tanzt. Es kommt gar nicht auf die Idee, daß sein Tun und die Regeln auseinanderklaffen könnten. Daher kann es auch nicht absichtlich täuschen oder schummeln.

## Dem Glück auf die Sprünge helfen?

Bei sogenannten Gesellschaftsspielen, wie »Bilderlotto«, »Schwarzer Peter« etc., bei denen weniger das Denken, vielmehr das Glück eine ausschlaggebende Rolle spielt und es Gewinner und Verlierer gibt, ist das Einhalten der Regeln natürlich noch schwerer.

Viele Eltern versuchen für sich einen Ausweg aus dem Dilemma, indem sie das Kind meistens gewinnen lassen. Bei sehr kleinen Kindern (wenn man mit denen überhaupt Konkurrenzspiele spielen muß) ist es durchaus angebracht, auch mal ein bißchen nachzuhelfen, damit keine Pechsträhne die Spielfreude des Kindes trübt. Bei Älteren drückt es im Grunde Geringschätzung aus und ist auch unehrlich. Kinder, die nicht verlieren können, die man deshalb oft gewinnen läßt, ahnen meist, daß nicht alles mit rechten Dingen zugeht. Das ist ihnen vielleicht lieber als Verlieren, es ist aber nicht dazu angetan, ihr Selbstvertrauen zu stärken. Dann ist es doch konsequenter, solche Spiele zu meiden oder für den eigenen Gebrauch die Spielregeln so zu ändern, daß nicht Verlieren oder Gewinnen, sondern Spaß und Mitmachen die anerkennenswerten Bestandteile des Spiels sind.

## Enttäuschung erzeugt Wut

Verlieren können ist aber nicht nur eine Sache des Verstandes, es ist vor allem auch eine Sache der Gefühle.

**Nicht Verlieren oder Gewinnen, sondern Spaß und Mitmachen sollen im Mittelpunkt des Spiels stehen. Dann lernt ein Kind viel leichter, daß es ganz selbstverständlich auch Sieger und Verlierer geben muß.**

Trotz großen Engagements erfolglos zu bleiben, Erfolg und Anerkennung neidlos einem anderen zu gönnen, fällt nicht nur kleinen Kindern, fällt auch vielen Erwachsenen sehr schwer. Meine Großmutter hat bis ins hohe Alter gelegentlich das »Mensch-ärgere-dich-nicht« zusammengeschmissen, wenn sie glaubte, »ungerecht« verloren zu haben. Ist es denn wirklich eine notwendige Kulturleistung, sich immer wieder mit Eifer in solche Situationen zu begeben, ohne dabei auch Gefühle der Enttäuschung aufkommen lassen zu dürfen?

## Mit Spielen Konkurrenzkampf üben?

Manche Eltern mögen argumentieren, ein Kind, das in die Schule komme, müsse solchen Konkurrenzsituationen gewachsen sein. Schließlich wird es dort mit Zensuren konfrontiert, und jede gute Zensur für ein Kind bedeutet einen Mißerfolg für all die, die eine weniger gute bekommen. Aber genau dies wird ja auch zunehmend

*Müssen wir mit unseren Kindern denn unbedingt Spiele spielen, in denen der andere geärgert, überlistet und ausgetrickst wird, in denen einer all das mühsam Erkämpfte am Schluß wieder verlieren kann?*

kritisiert. Viele Eltern und Lehrer versuchen inzwischen durchzusetzen, daß in der Grundschule, wie in anderen Ländern auch, keine Zensuren mehr gegeben werden.

Jede Kultur hat die Spiele, die zu ihr passen. »Mensch-ärgere-dich-nicht« – »Malefiz« – »Schwarzer Peter« – »Monopoly« – »Dame« und »Mühle« sind typisch für unsere Kultur. Die Mitspielenden treten in heftige Konkurrenz zueinander, versuchen nicht nur, jeweils der Beste zu sein, sondern den anderen auch noch nach allen Regeln der Kunst zu übervorteilen oder zu ärgern. Und der, der übervorteilt oder geärgert wird, darf es sich auch noch nicht mal anmerken lassen, sonst ist er ein Spielverderber. Aber was machen wir nun daraus – werfen wir sie alle weg, diese Spiele, in denen es nur darum geht, Gewinner oder Verlierer zu sein?

## Miteinander statt gegeneinander

Um »Monopoly« täte es mir überhaupt nicht leid – muß man wirklich auch noch im Spiel mit Mieten wuchern, Reichtümer anhäufen und Ärmere ausbeuten? Aber man kann zum Beispiel »Memory« auch so spielen, daß jeder sich freut über das Päckchen Karten, das er zum Schluß in der Hand hält, vielleicht auch darüber, daß es schon mehr sind als beim letzten Mal. Es muß nicht unbedingt nachgezählt werden, wer die meisten hat. Auch bei »Halma« oder »Schach« kann man sich über besonders gelungene Konstellationen mehr freuen als übers Gewinnen, sich gegenseitig Tips fürs Weiterspielen geben, anstatt schadenfroh auf eine Unaufmerksamkeit des anderen zu warten.

Jedes Kind soll sich über seinen eigenen Leistungsfortschritt freuen dürfen, ohne sich ständig mit anderen vergleichen zu müssen. Muß dieses Aushaltenkönnen von Mißerfolgen also wirklich sein?

Wer im Spiel gelernt hat, daß Verlieren und Mißerfolg einfach auch dazugehören, nimmt es vielleicht mit mehr Gelassenheit, wenn er auch im Alltag einmal Pech hat.

79

*Wenn im Straßenverkehr die Regeln nicht eingehalten werden, kann das schlimme Folgen haben.*

**S**agen Sie immer »Stop«, wenn Ihr Kind sich dem Bordstein nähert. So lernt es die Grenze zwischen Sicherheit und Gefahr deutlich zu erkennen.

# Strenge Regeln im Straßenverkehr

## Regeln ohne Wenn und Aber

Eine Zweijährige trudelt fröhlich und weltvergessen den Bürgersteig entlang. Da läßt sie ein in scharfem Kommandoton ausgestoßenes »Halt!!« kurz vor dem Betreten der Querstraße zur Salzsäule erstarren. Der Vater kommt heran, nimmt sie bei der Hand und erklärt ihr, vorläufig müsse sie jetzt weiter an der Hand laufen, denn sie hätte fast wieder vergessen, am Bordstein anzuhalten und zu warten.

### Notfalls auf Kommando

Auch in mir schlug jedes Mal das pädagogische Gewissen, wenn ich durch solche Methoden meine Kinder dazu brachte, selbst vor der harmlosesten, völlig unbefahrenen Straße wie gut dressierte Hunde stehenzubleiben. Aber es hatte den großen Vorteil, daß ich sie auf dem Bürgersteig recht unbesorgt laufen lassen konnte. Und ich würde es heute wieder genauso machen. Die Gefahren im Straßenverkehr sind so groß, daß man auf unbedingte Einhaltung aller Regeln und Verbote achten muß, manchmal auch mit Mitteln, die eher an Dressur als an Erziehung erinnern. Auch ein vier- bis fünfjähriges Kind sollten Sie nicht allein auf die Straße lassen, selbst wenn es unter Ihrer Aufsicht alles richtig macht. In Gefahrenmomenten schließt es womöglich die Augen in der Hoffnung: »Wenn ich nichts sehe, sehen mich die anderen auch nicht!«

## Schützen wir unsere Kinder

● Üben Sie an allen Straßen, auch an den unbefahrenen, wie man sie gefahrlos überquert: Blick nach links, nach rechts, noch einmal kurz nach links (es könnte ja in der Zwischenzeit ein Auto aufgetaucht sein), dann los! Zunächst an der Hand, dann unter Aufsicht allein.

● Schon das ganz kleine Kind an der Hand oder im Wagen sollte lernen, daß zum Überqueren gefährlicher Straßen nur die Überwege oder ganz bestimmte, relativ sichere Stellen in Frage kommen. Sie selbst können es sich vielleicht leisten, einige Meter neben einem Zebrastreifen schnell mal über die Straße zu laufen – aber möchten Sie riskieren, daß Ihr Kind das nachmacht?

● Daß man die Sache mit den roten und grünen Männchen an der Ampel frühzeitig und gründlich übt, ist selbstverständlich.

● Üben Sie, vor allem mit älteren Kindern, die allein gehen sollen, unbedingt die Geschwindigkeit eines herannahenden Fahrzeugs abzuschätzen. Wie weit muß es noch weg sein, damit man gefahrlos gehen kann?

● Auch sollten Kinder lernen, am Zebrastreifen deutlich Zeichen zu geben und Blickkontakt mit einem herannahenden Autofahrer aufzunehmen, damit sie erkennen können, ob er sie wahrgenommen hat.

● Schimpfen Sie nicht, wenn Ihr Kind etwas falsch gemacht hat. Sagen Sie dem Kind nur immer wieder, wie man es richtig macht.

Die Verkehrserziehung sollten Sie nicht dem Kindergarten überlassen. Die wenigen Stunden, in denen dort ein freundlicher Polizist den Kindern ein paar Regeln beibringt oder ihnen Verkehrsschilder erklärt, bereiten nicht wirklich auf den Verkehr vor.

# Üben statt Fernhalten

*Suchen Sie gemeinsam mit Ihrem Kind den sicheren Weg zum Spielplatz oder zum Haus der Freundin oder des Freundes.*

Manch einer mag bei der ständigen Betonung der Gefahren, die Kindern im Straßenverkehr drohen, zu dem Schluß kommen, am besten hielte man sie so lange wie möglich ganz vom Verkehr fern. Das halte ich für falsch. Denn auch das folgsamste Kind rückt irgendwann einmal aus, macht sich, fasziniert von einem bestimmten Ziel, auf einen Weg, den wir es auf keinen Fall schon allein gehen lassen wollten. Hat es das sichere Verhalten im Verkehr schon lange geübt, ist die Gefahr, daß es dabei zu Schaden kommt, nicht ganz so groß.

## Sollen Kinder auf der Straße radfahren?

Bis zu acht Jahren dürfen sie es nicht, bis zu zwölf Jahren werden sie vielerorts auf Bürgersteigen stillschweigend geduldet. Ich bin der Meinung, daß radfahrende Kinder grundsätzlich auf dem Bürgersteig fahren sollten, wenn keine Radwege vorhanden sind. Selbstverständlich müssen sie dort besonders rücksichtsvoll sein.

*In der Gruppe ist die Gefahr besonders groß, daß jeder sich darauf verläßt, daß der andere schon aufpassen wird.*

## So wird eine Autofahrt zur Lehrstunde

Fahren Sie umsichtig und rücksichtsvoll, und kommentieren Sie Ihr Verhalten und das der anderen für die Kinder – aber bitte nicht so: »Der Schwachkopf hat wohl seinen Führerschein in der Lotterie gewonnen!« Machen Sie Ihre Kinder darauf aufmerksam:

● Wie schlecht ein dunkel gekleideter Fußgänger im Dunkeln zu erkennen ist

● Wie spät man nachts selbst einen ordnungsgemäß beleuchteten Fahrradfahrer erkennt

● Wie scharf man vor einem unbedacht über die Straße rennenden Kind bremsen muß

● Wie spät man jemanden sieht, der hinter einem parkenden Auto hervorkommt

● Welche Verkehrszeichen es gibt und was sie bedeuten.

**Der** Weg zur Schule oder zum Kindergarten sollte genau abgesprochen werden – es sollte der sicherste, nicht unbedingt der kürzeste sein.

## Den Verkehr den Kindern anpassen

Aber während ich all dies aufschreibe, packt mich ein immer stärkeres Unbehagen. Was stellen wir alles an, um unsere Kinder für diesen oft unmenschlichen Verkehr abzurichten! Sicher, wir müssen sie schützen. Sie sollten aber doch nicht in dem Bewußtsein groß werden, dieser Verkehr sei etwas Unabdingbares. Wir Menschen sind schließlich nicht die Opfer dieses Verkehrs, wir machen ihn! Und unsere Kinder müssen von uns lernen, ihn so zu gestalten, daß nicht die Schwächsten unter uns zu seinen Opfern werden. Deshalb müssen sich gerade Eltern dafür engagieren, den Verkehr den Kindern, nicht immer nur die Kinder dem Verkehr anzupassen.

*Konsequent zu sein, auch wenn es Tränen gibt, fällt Eltern nicht immer leicht.*

**Sicher muß es in seltenen Fällen auch einmal eine Ausnahme geben dürfen. Doch grundsätzlich muß gelten: Eine Regel ist eine Regel und wird auch eingehalten.**

# Zickzackkurs macht Erziehung schwer

## Kinder brauchen Konsequenz

Der dreijährige Jan hat mehrmals in Geschäften etwas Süßes geschenkt bekommen. Er hat sich daran gewöhnt – bekommt er nichts, drängt er die Mutter, etwas zu kaufen. Zunächst war sie nachgiebig, jetzt wird es ihr zuviel. Keinen Laden kann sie mit dem Jungen ohne Bettelei verlassen. Was tun? Sie wird eine Grenze setzen müssen – zum Beispiel: »Wenn wir einkaufen, bekommst du nur einmal etwas – eine Sache, nicht mehr!« Und bei der ersten Forderung über dieses Maß hinaus wird sie »nein« sagen müssen. Die Folge: Es wird zunächst wütendes Gebrüll geben, weil Jan auch im nächsten Laden wieder etwas haben möchte. Das bringt die Mutter in arge Konflikte. Was denken die Leute? Halten die sie für hartherzig oder geizig, wenn sie um einen Lutscher oder ein Eis so ein Gezeter macht?

## Um des Frieden willen nachgeben?

Die Mutter sollte trotz dieser Bedenken nicht nachgeben! Natürlich wird Jan erst einmal mit energischem Protest durchsetzen wollen, was bisher auch ging. Bleibt die Mutter aber ganz konsequent bei ihrem Nein, wird er das schließlich begreifen, und seine Proteste werden kürzer und seltener werden.
Was aber geschieht, wenn die Mutter sich hin und wieder doch erweichen läßt? Dann wird Jan den anfänglichen

Mißerfolg sozusagen fest einplanen – das Nein der Mutter wird für ihn zum Signal, daß er seine Bemühungen steigern, daß er dringender betteln oder lauter schreien muß, um doch noch etwas zu erreichen.

Und er wird nie sicher sein können, ob sein Drängen nun Erfolg haben wird oder nicht. Das ist sehr mühsam für ihn! Die Mutter macht also mit ihrem gelegentlichen Nachgeben nicht nur sich, sondern auch dem Jungen das Leben schwer.

## Ein weiteres Beispiel

Die Mutter hat Jana verboten, aus irgendwelchen Brunnen in der Stadt zu trinken. Auch der Hund der Familie darf das nicht. Die Mutter hat auch erklärt, warum das gesundheitsschädlich ist: Das Wasser läuft nämlich im Kreislauf vom Becken in den Speier und zurück, ohne jemals zwischendurch gereinigt zu werden.

Nun hat Jana mit dem Kindergarten einen Ausflug in die Nachbarstadt gemacht. Alle Kinder bekamen einen Becher und durften ihn unter den dortigen Wasserspeier halten. Jana hat mit getrunken. Wieder zu Hause, will Jana plötzlich an allen Brunnen trinken. Die Mutter ist entsetzt, Jana verzweifelt. Beide stehen vor einem Rätsel. Schließlich sagt Jana, die Kindergärtnerin habe ihr das Trinken erlaubt. In einem Gespräch stellt sich dann heraus, daß die Kinder den Kurpark besucht und dort Heilwasser getrunken hatten.

## Feste Regeln geben Kindern Halt

In diesem Fall liegt die Problematik etwas anders. Die Mutter ist mit ihrem Nein sehr konsequent, und Jana scheint an dieser Regel auch nicht zu zweifeln. Die Verunsicherung tritt durch eine weitere Person ein. Was die

**E**ltern, die nicht nein sagen können, tun ihren Kindern keinen Gefallen. Wie sollen sie denn sonst lernen, daß nicht immer alles nach ihrer Nase gehen kann?

Mutter verbot, erlaubt plötzlich die Kindergärtnerin. Jetzt ist Jana überfordert. Was gilt? Gerade kleine Kinder brauchen ein festes Ja- oder Nein-Gefüge. Ihr Vertrauen auf feste Ordnungen wird rasch erschüttert, wenn die Erwachsenen die klaren Linien verlassen. Dann schwankt die Welt. Deshalb ist es wichtig, daß die Erziehenden an einem Strang ziehen, sich auch untereinander in den grundsätzlichen Regeln einig sind und nicht Papa ja und Mama nein sagt.

## Nicht hart, sondern hilfreich

Auch wenn Sie auf die Bedürfnisse Ihres Kindes eingehen wollen, braucht es gelegentlich ein Nein. Vielleicht liegt die Schwierigkeit mancher Eltern, ihren Kindern etwas zu verbieten, darin, daß sie Konsequenz mit Härte verwechseln. Es ist eben nicht hart, sondern hilfreich, wenn Sie beim einmal gesagten Nein konsequent bleiben – allerdings nur, wenn die Regel auch wirklich ihren berechtigten Sinn hat:

- Wenn dem Kind körperliche Gefahr droht (wenn es z.B. am heißen Herd oder an der Steckdose hantieren will)
- Wenn Sie sich oder andere vor Überforderungen schützen wollen (nach dem zwanzigsten Mal Hoppe-Reiter hat selbst die gutwilligste Tante genug)
- Wenn Ihre und die Interessen des Kindes so sehr kollidieren, daß auch ein Kompromiß unmöglich ist (wenn Sie wegen eines Termins beim Zahnarzt keinen Umweg zum Entenfüttern machen können).

In all diesen Beispielen, die sich ohne weiteres noch um unzählige ergänzen ließen, ist Ihr Nein nicht nur angebracht, sondern wichtig. Sie erleichtern es Ihrem Kind, bestimmte Grenzen zu erkennen und sich an sie zu gewöhnen.

Mal »ja«, mal »nein« zur gleichen Sache, das macht Ihr Kind unsicher und fordert es immer wieder dazu heraus, auszuprobieren, ob es sich durchsetzen kann oder nicht.

# Regeln fürs Spiel und Regeln fürs Leben

Regeln sind nicht nur für das Verhalten im Straßenverkehr wichtig. Kinder brauchen feste Regeln vor allem für den Umgang mit anderen Menschen. Sie müssen lernen, so miteinander umzugehen, daß möglichst jeder zu seinem Recht kommt. Die meisten Eltern widmen sich dieser Erziehungsaufgabe mit großem Eifer. Andere Kinder nicht schubsen, hauen, beißen, Buddelförmchen ausborgen und wiedergeben, aus der Kekstüte anderen etwas anbieten, das ist Pensum der ersten Jahre. Später kommt fair und tolerant sein, nicht petzen, Rücksicht nehmen dazu. Aber die Vorgaben der Eltern und Lehrer sind nur der Anfang, die Voraussetzung. So anregend Beschäftigungen unter Anleitung von Erwachsenen auch sein mögen, die »Spielregeln« werden dabei immer vorgegeben.

**Kindliches Verhalten orientiert sich immer auch am Verhalten der Altersgenossen. Gemeinsam lernt man, Konflikte auszutragen und Kompromisse zu schließen.**

## Spielend lernen

Die Berliner Erziehungswissenschaftler Oswald und Krappmann haben sich in einer Studie mit den sozialen Beziehungen insbesondere unter Schulkindern beschäftigt. Sie kamen zu dem Schluß, daß Kinder das Lösen von Konflikten, das Einüben von Regeln und Verhaltensmustern, das Festigen und Rechtfertigen moralischer Normen nur im gemeinsamen Spiel unter Gleichrangigen wirklich lernen können, möglichst ohne Einmischung von Erwachsenen. Am besten lernen sie das bei einer Beschäftigung, die Erwachsenen auf die Nerven geht oder ihnen als sinnlose Zeitverschwendung erscheint: beim Herumalbern, Rangeln, Necken, beim gemeinsamen »Quatschmachen«. Bei diesen Albernheiten und Sticheleien müssen Kinder viel Einfühlungsvermögen aufbringen, um die anderen zum Mitmachen zu bewegen, gemeinsam Spaß zu haben, den Bogen aber auch nicht zu überspannen. Sie müssen erkennen lernen, wann sie zu weit gehen und wie man das wieder in Ordnung bringt, denn sie möchten ja weiter miteinander spielen.

## Regeln ständig überprüfen

**I**m gemeinsamen Spiel lernen Kinder, sich durchzusetzen und ihre eigene Meinung zu vertreten. Daß es dabei auch manchmal Streit gibt, ist selbstverständlich.

Beim unkontrollierten Spielen lernen Kinder auch, sich selbst Regeln zu setzen, ihre Einhaltung durchzusetzen oder sie bei Bedarf wieder zu ändern. Sie müssen selbst erfahren, wie Regelverstöße sich auswirken. Oswald und Krappmann erläutern das am Beispiel von Kindern, die auf einem Hof ohne Feld und Tore Fußball spielen. Es gibt keine Linien und keinen Schiedsrichter, nur zwei Jacken vor der Mauer, die Kinder und den Ball. Ein Schuß, der Ball kracht gegen die Mauer. »Tooor!« brüllen die einen, »Latte!« die anderen. Da ist aber keine Latte. Es hagelt Beleidigungen, Rempeleien, Knüffe. Aber schließlich wird ein Kompromiß gefunden, denn das Spiel soll ja weitergehen. Das Tor zählt, dafür kriegen die anderen einen Elfmeter. Aber wo ist der Elfmeterpunkt? Auch das wird mit viel Geschrei ausgehandelt.

## Auch Streiten will gelernt sein

Selbst wenn am Schluß die Mannschaften wütend auseinanderziehen, weil jede sich von der anderen übervorteilt fühlt, war das kein mißlungenes Spiel. Morgen werden sie sich wieder treffen und weiterüben. Sie lernen, sich zu behaupten und nachzugeben, zu verhandeln, zu streiten und sich wieder zu vertragen. So entwickeln sie von Streit zu Streit festere Vorstellungen darüber, wie es gehen kann, miteinander zurechtzukommen. Das können Erwachsene ihnen kaum beibringen. Wir geben die großen Linien vor, anwenden und einüben müssen sie das allein – möglichst ohne uns. Regeln, die auf diese Weise erlernt werden, finden eher Anerkennung als abstrakte Vorhaltungen oder gar Verbote, die nicht einmal begründet werden.

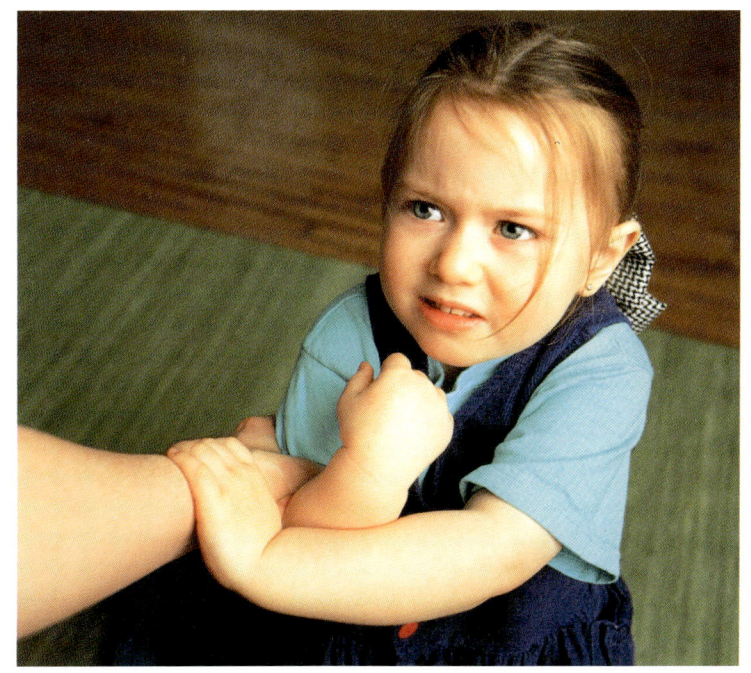

*Wenn Verbote und Regeln einfach nicht eingehalten werden, platzt so manchem Erwachsenen manchmal der Kragen. Doch Gewalt hilft hier nicht weiter. Nur Regeln, die verstanden werden, werden auch akzeptiert.*

## Was tun bei Regelverletzungen?

Was aber nützt die sinnvollste Regel, wenn sie beständig übertreten wird? Was nützt das deutlichste Nein, wenn es doch nur soviel zählt wie ein undeutliches Ja? Es gibt zuweilen einen regelrechten Nein-Terror zwischen Mutter und Kind. Da kann ein Kind bis zu 60 Neins am Tag hören. Es liegt auf der Hand, daß eine derartige Nein-Inflation keine Wirkung zeigen kann. Im Gegenteil: Das Kind wird der Flut von Verboten mit Trotz und Widerstand begegnen und jede Einsicht verweigern. Es kann die wirkliche Grenze nicht erkennen und wird versuchen, die Mutter zu überlisten. Klarheit und Eindeutigkeit gehen verloren – alles läuft auf einen ständigen Kleinkrieg hinaus. Kinder müssen aber lernen: Eine Regel ist eine Regel. Wer sie nicht einhält, muß mit Folgen rechnen.

Eine Flut von Verboten überfordert jedes Kind. Es wird sich mit Trotz und Widerstand zur Wehr setzen.

Kinder brauchen ausreichend Freiraum, um sich entfalten zu können. Sie brauchen aber auch Regeln, die ihnen den Weg weisen. Hier das richtige Maß zu finden ist nicht immer einfach.

## So vermeiden Sie den Kleinkrieg

- Kinder müssen erfahren, daß Regelverletzungen Folgen haben.

- Die Folgen müssen eine logische Konsequenz der Regelverletzung sein.

- Ein Klaps oder Prügel, Liebesentzug oder verweigertes Essen darf nicht Folge einer Grenzverletzung sein.

- »Zur Strafe ins Bett!« kann Schlafstörungen nach sich ziehen, als Folge einer Regelverletzung wird das Kind es nicht begreifen.

- Versuchen Sie im Gespräch, dem Kind den Sinn der Regel nahezubringen. Wenn das Kind begreift, warum etwas verboten ist, wird es ihm leichter fallen, die Grenze zu akzeptieren.

- Versuchen Sie, positive Aspekte zu betonen, nach dem Motto: »Du weißt, daß ich dir das nicht erlauben kann, aber du darfst, wie versprochen, morgen mit mir in die Stadt fahren«.

## Demokraten statt Duckmäuser

Heutige Erziehung hat den aufrechten, demokratischen Menschen zum Ziel, der Vernunft vor Emotionen setzt, der fähig ist, vorausschauend zu denken und zu handeln, zum Nutzen des Gemeinwesens, in dem er lebt. Unsere Regeln sollen unsere Kinder an dieses Ziel bringen. Unsere Kinder sollen lernen den Verstand einzusetzen, Grenzen einzusehen und zu bejahen, kritisch zu fragen und planvoll zu handeln.
Eines sollten Eltern jedoch nicht vergessen: Kinder müssen Fehler machen dürfen, um zwischen falsch und richtig, zwischen sinnlos und sinnvoll unterscheiden zu lernen.

# Klare Regeln erleichtern das Familienleben

Simon beklagt sich, daß seine Schwester ihn immer hän-
selt. Sarah liegt ständig in Streit mit ihrem Bruder, weil
der sich im gemeinsamen Kinderzimmer zu viele Rechte
anmaßt. Vater ist sauer, wenn die Kinder sein Werkzeug
in den Hof schleppen und dann nicht zurückbringen. In
jeder Familie gibt es solche Reibereien am laufenden
Band. Und meistens landen diese Probleme und Pro-
blemchen bei Mama. Die versucht zu klären, zu schlich-
ten, Lösungen anzubieten, und hin und wieder explodiert
sie auch, weil sie keine Lust hat, ständig die Sozialarbei-
terin der Familie zu spielen. Ist das bei Ihnen auch so?
Wenn Ihre Kinder immer wieder Dinge tun, die Sie
schrecklich ärgern, wenn Sie manchmal überhaupt nicht
mehr wissen, was Sie machen sollen oder verzweifelt aus
der Haut fahren, dann ist da einiges nicht klar genug ge-
regelt. Kinder brauchen solche festen Regeln, damit sie
sich besser orientieren können. Damit sind nicht Ge- und
Verbote gemeint, die Eltern aufstellen und an die sich die
Kinder halten müssen.

## Die Kinder wollen beteiligt sein

Regeln fürs Zusammenleben müssen alle, die damit leben
wollen, gemeinsam aufstellen. Wenn auch die Kinder an
solchen Entscheidungen beteiligt werden, lernen sie, daß
das gute Zusammenleben aller auch ihre Sache ist. Dann
fällt es ihnen leichter, sich an die Absprachen auch zu
halten. Halten Sie regelmäßig eine Familienkonferenz ab.
Falls für Sie eine Konferenz eher eine langweilige Angelegenheit ist, in der wenige reden, die meisten schweigen
und Probleme eher zerredet als gelöst werden, falls Sie es
lockerer, lebendiger, kreativer möchten, könnte ich auch
sagen: Gründen Sie einen Runden Tisch. Setzen Sie sich
alle um selbigen und versuchen Sie, solche Probleme ge-

**A**m besten lernen Kinder durch Anschauung, also durch das Beispiel, das wir Erwachsenen ihnen geben. Halten wir uns an einmal gefaßte Beschlüsse, werden auch die Kinder Konsequenz als etwas Selbstverständliches akzeptieren.

91

meinsam zu lösen. Denn wenn eine(r) sich schlecht behandelt fühlt, sich ständig ärgert, wenn zwei sich streiten, ist das bei dicker Luft und atmosphärischen Störungen wirklich eine Angelegenheit der ganzen Familie.

## Die Familienkonferenz

Diese Familienkonferenz muß regelmäßig tagen, einmal in der Woche. Länger können Kinder ein Problem nicht gut vor sich herschieben. Und auch für die Lösungen, die manchmal probiert werden, ist es besser, wenn man sie nach einer Woche wieder überdenken kann. Die Teilnahme sollte für alle Pflicht sein. Also müssen Sie einen Termin suchen, zu dem niemand in der Schule, im Büro, beim Training ist. Wer nicht kommt, muß sich trotzdem an das halten, was die anderen beschlossen haben. Eine Altersgrenze nach unten muß es nicht geben. Wer alt genug ist, stillzusitzen und zuzuhören, sollte auch seinen Senf dazugeben und abstimmen dürfen. Man muß da hineinwachsen. Leute, die es ausprobiert haben, äußern sich immer wieder verblüfft über die Ernsthaftigkeit kleiner Kinder, wenn sie selbst ernstgenommen werden.

## Gleiches Stimmrecht für jeden

In der Familienkonferenz soll jeder gleiches Stimmrecht haben. Eine(r) führt jeweils den Vorsitz, am besten reihum. Die demokratischen Spielregeln dazu müssen Sie zunächst erklären. Jeder muß zu Wort kommen, zu jeder Meinung muß auch die Gegenmeinung gehört werden. Dann werden Lösungsvorschläge gesammelt, und schließlich muß abgestimmt werden. Was die Mehrheit möchte, ist für eine Woche so beschlossen – oder wenn es sinnvoll ist, auch mal für länger. Und während dieser Zeit des Ausprobierens wird über die Sache nicht mehr diskutiert, wird es so gemacht, wie beschlossen.

**W**as in der Familienkonferenz beschlossen wurde, gilt zunächst für alle. Ändert sich die Situation, können sich auch die Beschlüsse ändern.

Fürchten Sie sich vor dem, was da so beschlossen werden könnte? Trauen Sie sich nicht zu, auch offensichtlich Unsinniges eine Woche lang durchzuhalten?

Dazu ein Beispiel: In einer kinderreichen Familie beklagt sich die Mutter bei einer Zusammenkunft, daß die Kinder oft nicht rechtzeitig zum Essen kommen und sich am Tisch oft unmöglich benehmen. Auch die Kinder finden die Situation am Mittagstisch recht unerfreulich. Deshalb schlägt einer vor, in Zukunft solle sich jeder sein Essen in der Küche abholen und dann in seinem Zimmer essen. Das leere Geschirr müsse hinterher wieder in die Küche getragen werden. Der Vater findet die Idee unmöglich, aber er wird überstimmt. Die Mutter bezweifelt, daß die Sache praktikabel ist, aber sie möchte, daß die Kinder es selbst ausprobieren. Deshalb wird es so beschlossen und eine Woche praktiziert. Schon nach wenigen Tagen reichen die sauberen Teller nicht mehr, beschweren sich die ordentlicheren Geschwister über vergammelnde Essensreste in den Zimmern. Trotzdem wird durchgehalten bis zur nächsten Sitzung. Da wird der Beschluß geändert. Die Kinder kommen mittags an den Tisch, aber sie sind jetzt eher geneigt, die gemeinsame Mahlzeit für alle einigermaßen erfreulich zu gestalten.

**Kinder erkennen Regeln, die sie selbst mitbeschlossen haben, viel leichter an, als Verbote, deren Sinn sie nicht begreifen können.**

## So wächst Vertrauen

Von den Eltern verlangt dieses Verfahren manchmal eine gewisse Sturheit angesichts vorübergehend unhaltbarer Zustände. Und viel Vertrauen in die eigenen Fähigkeiten und die der Kinder. Aber das wächst mit der Zeit. Probieren Sie es doch mal aus. Kinder sind oft erstaunlich kreativ. Gegen Regelungen, die sie selbst beschlossen haben, werden sie nicht bockig. Daß etwas so nicht geht, glauben sie am sichersten, wenn sie es selbst probiert haben. Und eine gute Übung in Demokratie ist es auch noch. Natürlich ist dies nur ein Grundgerüst. Mit Leben erfüllen müssen Sie es selbst, mit Spielregeln, die zu Ihrer Familie passen. Ich hoffe, es macht Ihnen Spaß.

## Unser Handeln als Vorbild

Wer mit Kindern zu tun hat, sollte sich immer wieder bewußt machen: »Kinderzeit ist Lernzeit«. Kinder lernen am ehesten, am sichersten und am einprägsamsten für ein ganzes Leben, wenn ein oder mehrere Erwachsene ihnen täglich vorbildhaft Modell stehen.

Verantwortliche Erwachsene setzen sich sehr viele Regeln, ohne beständig darüber zu reden. Es sind auch gar nicht die Worte, die Kinder beeindrucken. Solange Kinder unverbogen und unverbildet sind, können sie sehr gut abwägen, ob ein Erwachsener nur etwas vorgibt oder ob er wirklich verantwortlich handelt.

**Aufrichtigkeit und Vertrauen sind die sicherste Grundlage für eine erfolgreiche Erziehung. Viele Regeln werden von den Kindern anerkannt, wenn wir uns selbst an diese Regeln halten.**

● Wenn Sie bei allen Aussagen bemüht sind, Sachverhalte richtig darzustellen und dicht bei der Wahrheit zu bleiben, wird ihr Kind diese Regel anerkennen und sich zum Maßstab machen. Wer wird schon gerne beschwindelt?

● Wenn Sie nicht dauernd vor dem Fernseher sitzen, sondern Ihren Fernsehkonsum begrenzen, wird auch Ihr Kind bereit sein, für sich selbst Fernsehgrenzen anzuerkennen.

● Wenn Sie überlegt auswählen, was gekauft werden soll, wird auch Ihr Kind in Sachen Konsum Grenzen anerkennen und einhalten können.

● Wenn Sie die Intimsphäre Ihres Kindes achten und ihm auch Raum für freie Entfaltung lassen, wird es auch Ihr Bedürfnis nach Ruhe und Freizeit verstehen.

● Wenn Sie Ihrem Kind zuhören und seine Meinung respektieren, wird es lernen, daß es nicht Gewalt braucht, um sich vor anderen durchzusetzen.

● Wenn Sie sich selber Grenzen auferlegen und sich an Ihre Regeln halten, wird auch ihr Kind lernen, sich an bestimmte Grundsätze zu halten.

## Über die Autorin

*Helga Gürtler* ist Kinderpsychologin und Therapeutin in Berlin. Selbst Mutter von drei Kindern, ist sie seit vielen Jahren für die Beratungsseite in der Eltern-Kind-Zeitschrift »Spielen und Lernen« zuständig. Im Südwest Verlag ist sie eine der Stammautorinnen in der Reihe »Leben lernen mit Kindern«.

## Literatur

*Gürtler, Helga:* Angsthasen und Wüteriche. Südwest Verlag. München 1996
*Gürtler, Helga:* Kleine Haken im Familienalltag. Südwest Verlag. München 1993
*Gürtler, Helga:* Mit dem zweiten Kind wird alles anders. Südwest Verlag. München 1995
*Schuster-Brink, Carola:* Wenn Erziehung an den Nerven zehrt. Südwest Verlag. München 1994
*Strätling, Barthold:* Streiten, teilen und vertragen. Südwest Verlag München. 1993

## Hinweis

Das vorliegende Buch ist sorgfältig erarbeitet worden. Dennoch erfolgen alle Angaben ohne Gewähr. Weder Autorin noch Verlag können für eventuelle Nachteile oder Schäden, die aus den im Buch gemachten praktischen Hinweisen resultieren, eine Haftung übernehmen.

## Bildnachweis

Das Fotoarchiv. Essen: 7, 25, 72 (Dirk Eisermann). 28 (Rupert Oberhäuser). 36, 51, 52, 68 (Wolfgang Schmidt), 40 (Tobias Gremme). 43 (Jochen Tack), 70 (Oswald Baumeister); IFA, Taufkirchen: 1, U4 (J. Heron), 9, 74 (Diaf), 23 (LDW), 31 (Datafoto), 48 (Vision), 58 (Comnet), 61 (TPC), 64 (Putz), 78 (Heinz Koch), 80 (F. Prenzel); Mauritius, Mittenwald: 15 (Grasser), 44 (Phototheque SDP), 53 (Palmer); The Image Bank, München: 6 (Infocus), 29 (Gio´ Barto); Tony Stone, München: Titelbild (Jerome Tisne), 5 (Claudia Kunin), 76 (Frank Herholdt), 85 (Penny Gentieu); Transglobe, Hamburg: 12 (Jerrican), 82 (Blume-Firla)

## Impressum

© 1993 Südwest Verlag Verlag GmbH & Co. KG, München
4., bearbeitete und erweiterte Auflage 1996.
Alle Rechte vorbehalten. Nachdruck – auch auszugsweise – nur mit Genehmigung des Verlages.

Redaktion: Ulrike Lutz
Projektleitung: Ernst Dahlke
Redaktionsleitung: Josef K. Pöllath
Bildredaktion: Barbara Glöggler
Produktion: Manfred Metzger
Umschlag: Till Eiden
DTP/Satz: Wolfgang Lehner
Druck: Color Offset, München
Bindung: R. Oldenbourg, München
Printed in Germany

Gedruckt auf chlor- und säurearmem Papier
ISBN 3-517-01897-X

# Register